원리를 아니까 재밌게 하니까

아하

초등학교 글쓰기

2~3학년 ②

소개하는 글 쓰기

『아하 초등학교 글쓰기: 2~3학년』으로 학교 글쓰기를 완벽하게 대비하세요!

『아하 초등학교 글쓰기: 2~3학년』은 초등학교 2~3학년에게 꼭 필요한 글쓰기 능력을 키워 주는 책입니다. 학생들이 글쓰기를 어려워하는 이유는 쓸 내용을 생각하고, 그것을 글로 만드는 방법을 단계적으로 배우지 못했기 때문입니다.

이 책은 초등학교 국어과 교육과정을 바탕으로 자신이 겪은 일이나 자기 주변의 대상을 소개하는 글을 쓰는 방법을 단계적으로 연습하는 글쓰기 학습서입니다. 이 책으로 쓸 내용을 떠올리고, 떠올린 내용을 연결해 문장과 문단으로 표현하는 과정을 익히면 누구나 쉽게 글을 쓸 수 있습니다.

> '2022 개정 국어과 교육과정' 초등 2~3학년 쓰기 성취기준
> [2국03-03] 주변 소재에 대해 소개하는 글을 쓴다.
> [2국03-04] 겪은 일을 표현하는 글을 자유롭게 쓰고, 쓴 글을 함께 읽고 생각이나 느낌을 나눈다.
> [4국03-01] 중심 문장과 뒷받침 문장을 갖추어 문단을 쓰고, 문장과 문단을 중심으로 고쳐 쓴다.
> [4국03-02] 절차와 결과가 드러나게 정확한 표현으로 보고하는 글을 쓴다.

2~3학년 1권 한 일을 떠올려 겪은 일 쓰기

1권에서는 겪은 일을 쓰는 과정을 단계적으로 연습합니다. 이를 위해 시간, 장소, 만난 사람을 나누고, 눈, 코, 귀, 입, 손, 발 등으로 무엇을 하였는지 떠올려 봅니다. 그 내용을 서로 연결해 문장으로 쓰면 한 편의 글을 저절로 쓸 수 있습니다. 나아가 단계적으로 익힌 글쓰기 방법을 바탕으로 일기, 편지, 기행문 등을 쓰며 창의적인 표현 능력을 키울 수 있습니다. 이 방법은 쓰기에 관한 '특허 10-1166912', '특허 10-1265169'에 기반한 글쓰기 학습법으로 이미 그 효과가 입증된 것입니다.

2~3학년 2권 특징을 연결하여 소개하는 글 쓰기

2권에서는 소개하는 글을 쓰는 과정을 단계적으로 연습합니다. 이를 위해 좋아하는 물건이나 동물 등 소개할 대상을 떠올리고, 대상의 특징을 모습이나 관련된 경험 등으로 나누어 찾아봅니다. 나아가 단계적으로 익힌 글쓰기 방법을 바탕으로 일기, 편지, 설명하는 글 등을 쓰며 창의적인 표현 능력을 키울 수 있습니다. 이 방법은 쓰기에 관한 '특허 10-1166912', '특허 10-1265169'에 기반한 글쓰기 학습법으로 이미 그 효과가 입증된 것입니다.

이 책의 특징

❶ 나누면 자세히 쓸 수 있습니다.
내가 좋아하는 대상을 소개할 때, 소개 대상을 '대상의 모습, 나와 관련된 경험' 등으로 나누어 떠올리면 특징을 쉽게 찾을 수 있습니다. '대상의 모습'은 대상을 관찰하여 모양, 색깔, 크기(길이) 등으로, '나와 관련된 경험'은 언제 보았는지, 어디서 샀는지 등으로 나눌 수 있습니다. 예를 들어, 장난감 소방차를 관찰하여 '모양-상자 모양, 색깔-빨간색, 크기-내 주먹만 한 크기'를 찾고, 장난감 소방차와 관련된 경험으로 '누가 주었는지-아빠가, 어떻게 사용하는지-소방관 출동 놀이, 왜 좋아하는지-내 꿈이 소방관이라서' 등을 떠올리면 쓸 내용이 풍부해집니다.

❷ 대상의 특징을 떠올려 어휘력과 문장 표현력을 높입니다.
다른 사물이나 나에게 익숙한 신체를 활용하면 대상의 특징을 다양하게 표현할 수 있습니다. 모양은 '둥글다, 길쭉하다' 등으로 표현하기도 하지만 '보름달 모양, 상자 모양' 등으로 사물(물건)에 빗대어 표현할 수도 있습니다. '노릇하다, 주황색이다'와 같은 색깔 표현은 '병아리 콩 색, 귤색' 등으로 표현할 수 있고, 크기 역시 '축구공 크기, 내 얼굴만 한 크기' 등으로 표현할 수 있습니다. 이를 바탕으로 '모양은 둥글다'라는 표현을 '둥근 모양이다', '보름달 모양과 같다' 등으로 다양하게 표현하며 어휘력과 문장 표현력을 높입니다.

❸ 문장을 연결해서 짜임새 있는 문단을 씁니다.
소개하고 싶은 대상의 특징을 나누면 여러 개의 문장으로 표현할 수 있습니다. 예를 들어, 동생을 소개한다면 동생의 모습에서 특징을 '얼굴-눈 모양-동그랗다, 머리 길이-단발, 몸-팔 길이-길다' 등으로 나누어 찾고, 이를 '내 동생을 소개합니다. 얼굴의 눈 모양은 동그랗다. 머리 길이는 단발이다. 몸의 팔 길이는 길다.' 등의 문장으로 표현할 수 있습니다. 동생의 모습을 소개하는 여러 개의 문장을 연결하면 자연스럽게 하나의 문단을 완성할 수 있습니다.

❹ 문장에서 문단, 한 편의 글로 확장합니다.
소개 대상의 특징을 찾아 쓰고, 문장을 연결하여 자연스럽게 문단을 완성합니다. 여러 문단이 모이면 한 편의 글을 쓸 수 있습니다. 예를 들어, 고양이를 소개한다면 '얼굴의 귀 모양은 쫑긋하다. 몸의 등 색깔은 흰색이다.' 등의 문장을 연결하여 고양이의 모습을 소개하는 문단을 완성합니다. 고양이의 사는 모습(소리, 움직임 등)과 고양이와 관련된 경험(어디에서 보았는지, 왜 좋아하는지 등)을 각 문단으로 완성하면, 고양이를 소개하는 글 한 편을 완성할 수 있습니다.

이 책의 구성 및 학습 방법

1. 1단계: 소개하고 싶은 대상 떠올리기

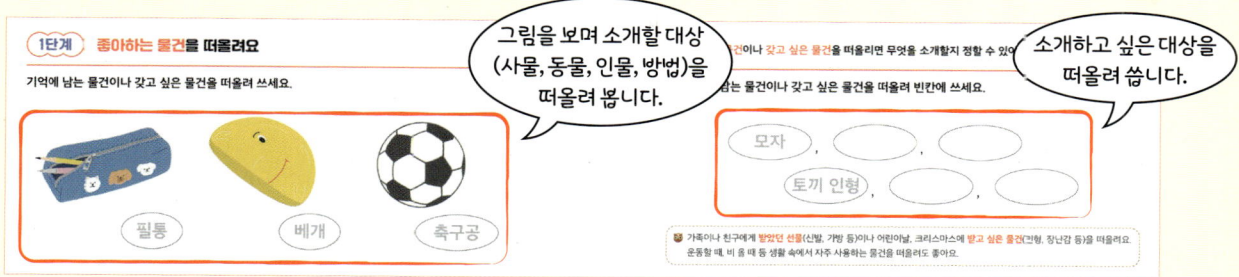

1단계에서는 소개 대상을 정하기 위해 기억에 남는 물건, 먹고 싶은 음식 등을 떠올립니다. 예를 들어, 기억에 남는 생일 선물(곰 인형, 모자 등)이나 생일날 먹고 싶은 음식(딸기 케이크, 피자 등)을 떠올려 소개 대상을 정합니다.

2. 2단계: 특징 찾기

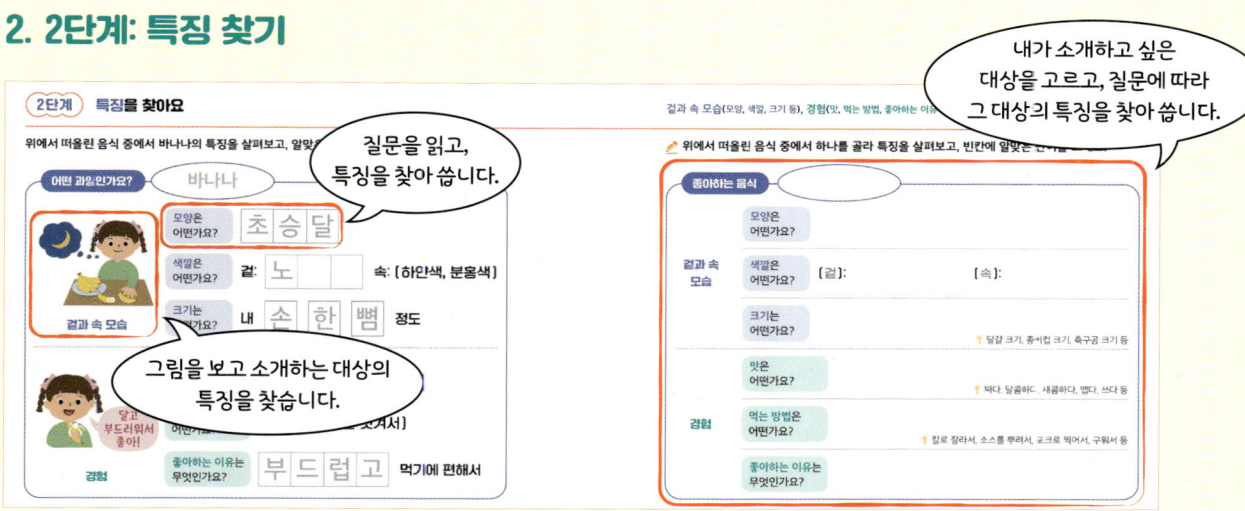

2단계에서는 소개 대상의 특징을 모습, 나와 관련된 경험 등으로 나누어 찾습니다. 소개 대상의 모습을 관찰하여 모양, 색깔, 크기 등을, 나와 관련된 경험으로 언제, 어디서, 왜 좋아하는지 등을 찾습니다. 예를 들어, 바나나의 모습으로 '모양-초승달, 색깔-노란색, 크기-내 손 한 뼘 정도' 등을 찾을 수 있고, 바나나를 먹었던 경험으로 '맛-달다, 먹는 방법-껍질을 벗겨서, 좋아하는 이유-부드러워서' 등을 찾을 수 있습니다.

3. 3단계: 연결하기, 4단계: 문장 쓰기

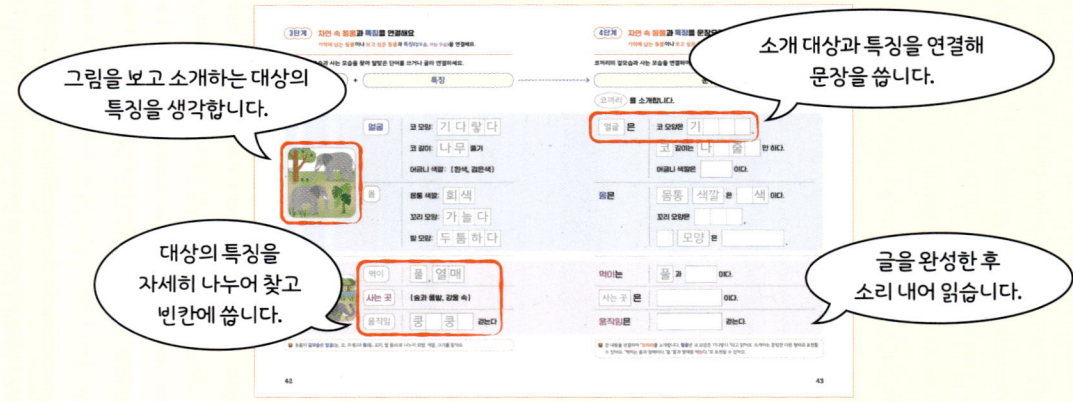

3단계에서는 소개 대상과 특징을 연결합니다. 예를 들어, 소개 대상 '코끼리'와 '얼굴-코 모양-기다랗다, 몸-몸통 색깔-회색' 등의 특징을 연결합니다. 4단계에서는 3단계에서 연결한 것을 문장으로 완성합니다. 예를 들어, '코끼리'와 '얼굴-코 모양-기다랗다'를, '코끼리를 소개합니다. 얼굴의 코 모양은 기다랗다.'라는 문장으로 표현합니다.

4. 이야기로 3~4단계 연습하기

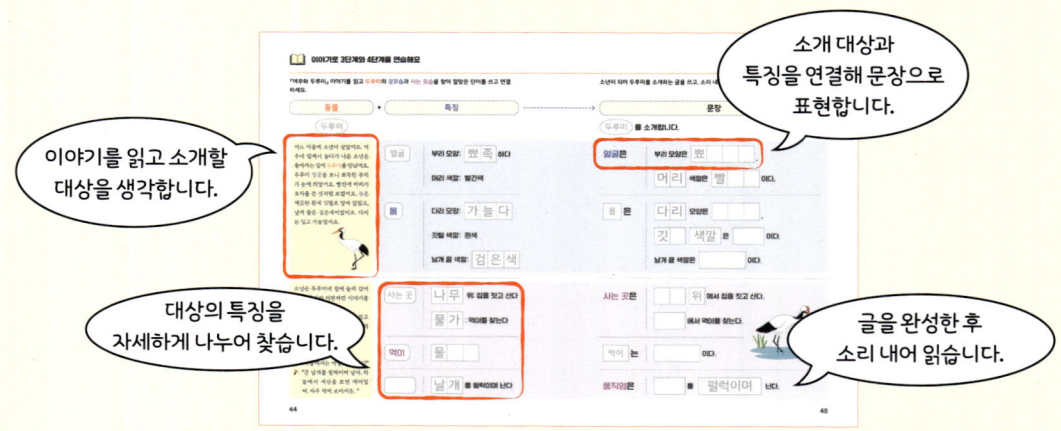

이야기를 통해 3단계 연결하기와 4단계 문장 쓰기에서 배운 내용을 확인하고 연습합니다. 예를 들어, 『여우와 두루미』 이야기를 읽고 소개 대상 '두루미'와 모습 '얼굴-부리 모양-뾰족하다'를 연결하고(3단계), 이를 '두루미를 소개합니다. 얼굴의 부리 모양은 뾰족하다.'처럼 문장으로 표현합니다(4단계).

5. 1~4단계 적용하기

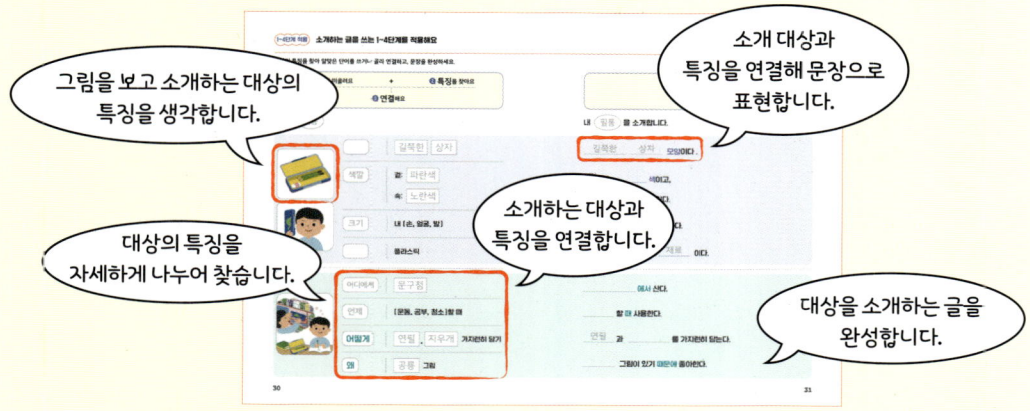

소개하는 글 쓰기 1~4단계를 통합하여 연습하며 적용 능력을 기릅니다. 예를 들어, 그림을 보고 소개 대상으로 좋아하는 '필통'을 떠올리고(1단계), 특징을 '모양-길쭉한 상자, 언제-공부할 때' 등으로 나누어 찾습니다(2단계). 소개 대상 '필통'과 특징 '모양-길쭉한 상자'를 연결하고(3단계), 연결한 것을 '필통을 소개합니다. 길쭉한 상자 모양이다.'처럼 문장으로 씁니다(4단계).

6. 1~4단계에 따라 소개하는 글 쓰기

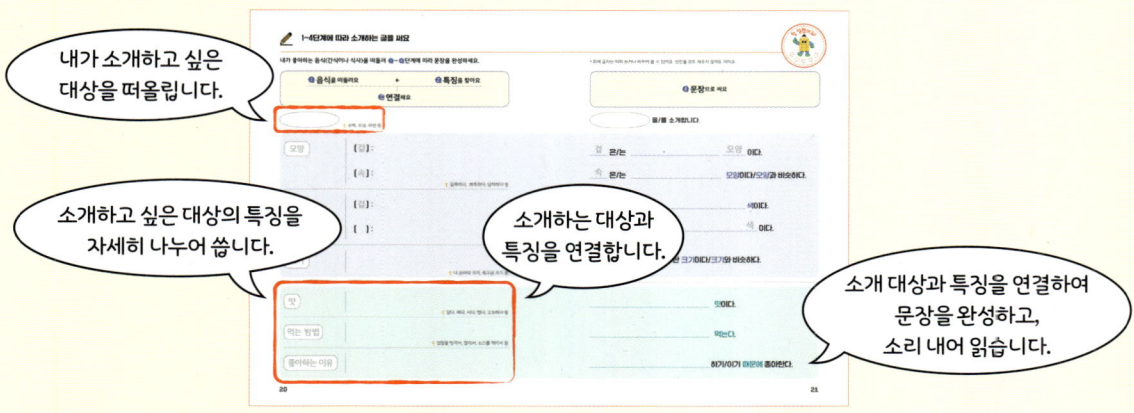

소개하는 글 쓰기 1~4단계에 따라 내가 정한 대상을 소개하는 글을 씁니다. 이 단계에서는 각 단계에서 무엇을 해야 하는지 스스로 생각하고, 배운 내용을 적용하여 소개하는 글로 써 봅니다. 쓸 내용을 스스로 생각하고, 자유롭게 문장으로 표현하며 창의적인 글 쓰기를 할 수 있습니다.

7. 다양한 형식으로 글 쓰기

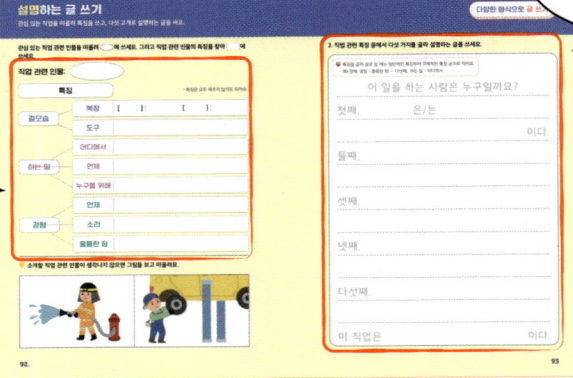

편지, 일기, 설명하는 글 등의 다양한 형식으로 소개하는 글을 써 봅니다. 소개하는 내용이 같아도 글의 형식에 따라서 글의 짜임, 내용, 표현 등이 달라집니다. 편지로 표현하면 받는 사람에게 알려 주고 싶은 내용을 선택하여 편지글의 짜임(받는 사람, 인사말, 하고 싶은 말, 보내는 사람 등)에 따라 표현할 수 있고, 설명하는 글로 표현하면 소개할 내용을 다른 사람이 이해하기 쉬운 내용과 문장으로 표현할 수 있습니다. 다양한 형식으로 글을 쓰는 연습을 통해 실제 글쓰기 상황에서 필요한 표현 능력을 기를 수 있습니다.

차례

1부 사물을 소개하는 글을 써요
- ① 좋아하는 음식을 소개하는 글을 써요 ········ 12쪽
- ② 좋아하는 물건을 소개하는 글을 써요 ········ 24쪽

다양한 형식으로 글 쓰기
- 편지 쓰기 ········ 36쪽

2부 동물을 소개하는 글을 써요
- ① 자연 속 동물을 소개하는 글을 써요 ········ 40쪽
- ② 생활 속 동물을 소개하는 글을 써요 ········ 52쪽

다양한 형식으로 글 쓰기
- 일기 쓰기 ········ 64쪽

3부 인물을 소개하는 글을 써요
- ① 좋아하는 인물을 소개하는 글을 써요 ········ 68쪽
- ② 직업 관련 인물을 소개하는 글을 써요 ········ 80쪽

다양한 형식으로 글 쓰기
- 설명하는 글 쓰기 ········ 92쪽

4부 방법을 소개하는 글을 써요
- ① 일하는 방법을 소개하는 글을 써요 ········ 96쪽
- ② 만드는 방법을 소개하는 글을 써요 ········ 108쪽

다양한 형식으로 글 쓰기
- 편지 쓰기 ········ 120쪽

자유 글쓰기 ········ 122쪽
정답 및 예시 답 ········ 126쪽

1부 사물을 소개하는 글을 써요

1. 좋아하는 음식을 소개하는 글을 써요
2. 좋아하는 물건을 소개하는 글을 써요

다양한 형식으로 글 쓰기

- 편지 쓰기

1 좋아하는 음식을 소개하는 글을 써요

1단계 좋아하는 음식을 떠올려요

맛있게 먹었거나 먹고 싶은 음식(간식이나 식사)을 떠올려 쓰세요.

바나나   김밥   오렌지주스

2단계 특징을 찾아요

위에서 떠올린 음식 중에서 바나나의 특징을 살펴보고, 알맞은 단어를 쓰거나 고르세요.

공부한 날짜: 월   일

맛있게 먹었거나 먹고 싶은 음식(간식이나 식사)을 떠올리면 무엇을 소개할지 정할 수 있어요.

✏️ 맛있게 먹었거나 먹고 싶은 음식(간식이나 식사)을 떠올려 빈칸에 쓰세요.

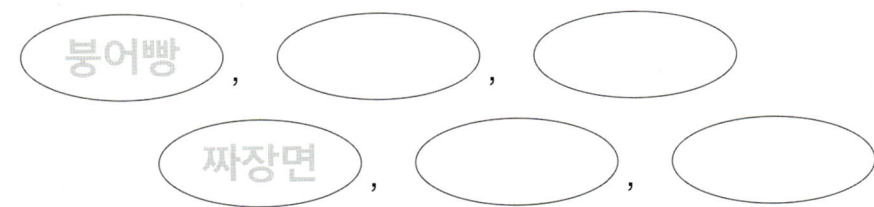

🦉 특별한 날(생일날, 어린이날 등)에 먹었던 간식이나 식사를 떠올려요. 간식에는 과일, 과자, 빵, 음료수 등이 있고, 식사에는 밥, 면, 국 등이 있어요.

겉과 속 모습(모양, 색깔, 크기 등), 경험(맛, 먹는 방법, 좋아하는 이유 등)을 찾아요.

✏️ 위에서 떠올린 음식 중에서 하나를 골라 특징을 살펴보고, 빈칸에 알맞은 단어를 쓰세요.

좋아하는 음식		
겉과 속 모습	모양은 어떤가요?	
	색깔은 어떤가요?	[겉]: [속]:
	크기는 어떤가요?	🔑 달걀 크기, 종이컵 크기, 축구공 크기 등
경험	맛은 어떤가요?	🔑 짜다, 달콤하다, 새콤하다, 맵다, 쓰다 등
	먹는 방법은 어떤가요?	🔑 칼로 잘라서, 소스를 뿌려서, 포크로 찍어서, 구워서 등
	좋아하는 이유는 무엇인가요?	

 **3단계** 좋아하는 음식과 특징을 연결해요

맛있게 먹었거나 먹고 싶은 음식(간식이나 식사)과 특징(겉과 속 모습, 경험)을 연결해요.

핫도그의 겉과 속 모습, 경험을 찾아 알맞은 단어를 쓰거나 골라 연결하세요.

음식 + 특징

핫도그

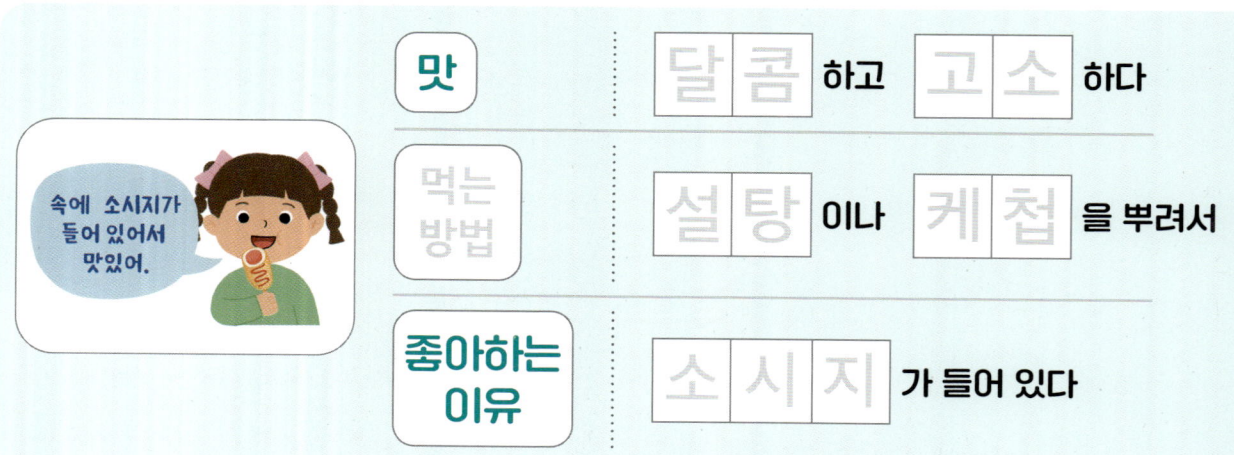

모양	겉: 길쭉하다
	속: 동그랗다
색깔	겉: 누런색
	속: 붉은색
크기	내 손 (한 뼘, 두 뼘)
맛	달콤하고 고소하다
먹는 방법	설탕이나 케첩을 뿌려서
좋아하는 이유	소시지가 들어 있다

🦉 음식을 **좋아하는 이유**로는 내가 좋아하는 이유나 사람들이 좋아하는 이유를 쓰면 돼요. 음식과 관련된 경험(누구와 먹었는지, 언제 먹었는지 등)을 넣어서 써도 좋아요.

 좋아하는 음식과 특징을 문장으로 써요

맛있게 먹었거나 먹고 싶은 음식(간식이나 식사)과 특징(겉과 속 모습, 경험)을 문장으로 써요.

핫도그의 겉과 속 모습, 경험을 연결하여 문장으로 쓰세요.

→ **문장**

핫도그 를 소개합니다.

모양은	겉은 길쭉하다.
	속은 동□□.
색깔은	겉은 누런색이다.
	속은 붉□이다.
크기는	내 손 □뼘만 하다.

맛은	달□하고 고□하다.
먹는 방법은	□□이나 □□을 뿌려서 먹는다.
좋아하는 이유는	□□□가 들어 있기 때문이다.

> 🦉 쓴 내용을 연결하여 "**핫도그**를 소개합니다. **모양**은 _____."라고 읽어요. "모양 | 겉: 길쭉하다."를 "겉모양은 길쭉하다."로 표현하는 것이 자연스럽지만, 연습할 때는 순서대로 "모양은 겉은 길쭉하다."처럼 쓰는 것이 좋아요.

이야기로 3단계와 4단계를 연습해요

『흥부전』이야기를 읽고 박에서 나온 피자의 겉과 속 모습과 경험을 찾아 알맞은 단어를 쓰고 연결하세요.

(음식) + (특징)

피자

흥부네 집 지붕에 커다란 박이 주렁주렁 열렸어요. 흥부네 가족은 박을 따서 잘라 보았어요. 박 속에는 피자가 가득했어요.
"이 둥글넓적한 모양의 음식은 뭐지?"
"겉은 노릇노릇한 색깔인데, 속은 빨간색, 노란색이네요."
"크기가 내 얼굴보다 크구나."

모양	둥글넓적하다
	겉: 노 릇 노 릇 하다 속: 빨간색, 노란색
크기	내 얼 □ 보다 크다

"이 음식은 어떻게 먹어야 할까요?"
"여덟 조각으로 잘랐어. 한 조각씩 손으로 잡고 먹어 보렴."
"음! 길게 쭉 늘어나는 것은 고소하고, 고기는 짭짤한 맛이 나네요."
"구수한 향이 나네. 씹으면 쫄깃해서 아주 좋구나."
흥부네 가족은 박에서 나온 음식을 맛있게 먹었어요.

먹는 방법	조 □ 으로 잘라서 손 으로 잡고
	고 □ 하 다 , 짭 짤 하 다
좋아하는 이유	씹으면 쫄 깃 하다

흥부가 되어 피자를 소개하는 글을 쓰고, 소리 내어 읽으세요.

문장

⬭ 피자 를 소개합니다.

모양은　둥글넓적하다.

색깔은　겉은 노☐☐☐하고,
　　　　속은 빨☐☐, ☐☐색이다.

☐는　내 ☐☐ 보다 크다.

먹는 방법은　조☐으로 잘☐☐ 먹는다.
　　　　☐으로 잡고 먹는다.

맛은　☐☐하고,
　　　 짭☐하다.

좋아하는 이유는　씹으면 ☐☐하기 때문이다.

 **1~4단계 적용** 소개하는 글을 쓰는 1~4단계를 적용해요

김밥의 특징을 찾아 알맞은 단어를 써서 연결하고, 문장을 완성하세요.

❶ **음식**을 떠올려요 + ❷ **특징**을 찾아요
❸ **연결**해요

김밥

모양	겉: 기다랗다
	속: 동그랗다
	겉: 검은색 김
	속: 흰색 밥, 노란색 단무지
길이	필통

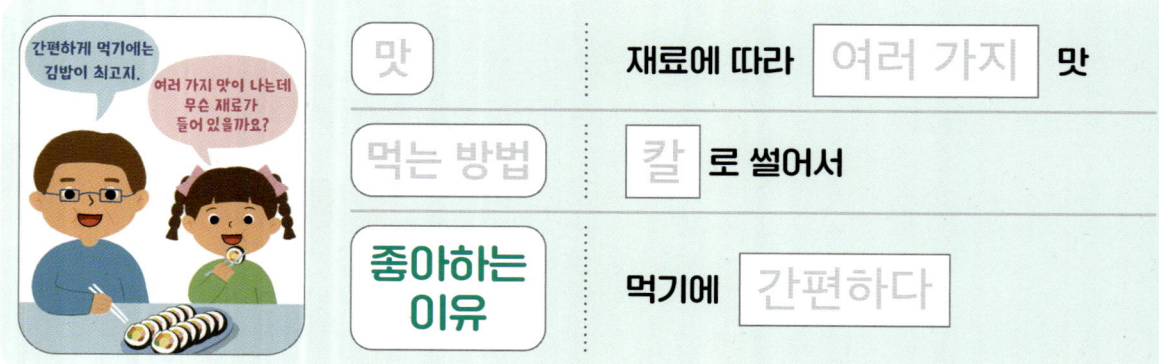

맛	재료에 따라 여러 가지 맛
먹는 방법	칼 로 썰어서
좋아하는 이유	먹기에 간편하다

문장을 완성한 후 소리 내어 읽어 보세요.

④ 문장으로 써요

김밥 을 소개합니다.

겉 은 ___기다란___ 모양이다.

속 은 ___동그란___ 모양이다.

겉 의 김은 _____ 색이다.

속 의 밥은 ____ 색이고, 단무지는 ___노란___ 색이다.

_____ 만 한 ___길이___ 이다.

재료에 따라 ___여러 가지___ 맛이 난다.

____로 ___썰어서___ 먹는다.

먹기에 ___간편하기___ 때문에 ___좋아한다___.

> 🦉 소개하는 문장은 다른 형태로 표현할 수 있어요. "**맛**은 여러 가지이다."는 "여러 가지 **맛**이 난다."로 표현할 수 있어요. "**좋아하는 이유**는 먹기에 간편하기 때문이다."를 "먹기에 간편하기 **때문에 좋아한다**."로 표현할 수 있고, "먹기에 간편**해서 좋아한다**."라고 표현할 수도 있어요.

1~4단계에 따라 소개하는 글을 써요

맛있게 먹었거나 먹고 싶은 음식(간식이나 식사)을 떠올려 ❶~❹단계에 따라 문장을 완성하세요.

❶ **음식**을 떠올려요   +   ❷ **특징**을 찾아요
❸ **연결**해요

⚐ 수박, 도넛, 라면 등

모양
〔겉〕:

〔속〕:

⚐ 길쭉하다, 뾰족하다, 납작하다 등

색깔
〔겉〕:

〔속〕:

크기

⚐ 내 손바닥 크기, 축구공 크기 등

맛

⚐ 달다, 짜다, 시다, 맵다, 고소하다 등

먹는 방법

⚐ 껍질을 벗겨서, 잘라서, 소스를 찍어서 등

좋아하는 이유

* 회색 글자는 따라 쓰거나 바꾸어 쓸 수 있어요. 빈칸을 모두 채우지 않아도 되어요.

❹ 문장으로 써요

(　　　　)을/를 소개합니다.

겉은/는 _____ 모양이다.

속은/는 _____ 모양이다/모양과 비슷하다.

겉은/는 _____ 색이다.

___은/는 _____ 색이다.

_____ 만 한 크기이다/크기와 비슷하다.

_____ 맛이다.

_____ 먹는다.

_____ 하기/이기 때문에 좋아한다.

21

쉬어 가기

음식의 겉모습과 속 모습을 알맞게 연결하여 색칠하고, 음식의 이름을 따라 쓰거나 만들어 쓰세요.

만두

김치만두

수박

볶음밥 오므라이스

케이크

2 좋아하는 물건을 소개하는 글을 써요

1단계 좋아하는 물건을 떠올려요

기억에 남거나 갖고 싶은 물건을 떠올려 쓰세요.

필통   베개   축구공

2단계 특징을 찾아요

위에서 떠올린 물건 중에서 베개의 특징을 살펴보고, 알맞은 단어를 쓰거나 고르세요.

공부한 날짜: 월   일

기억에 남거나 갖고 싶은 물건을 떠올리면 무엇을 소개할지 정할 수 있어요.

✏️ 기억에 남거나 갖고 싶은 물건을 떠올려 빈칸에 쓰세요.

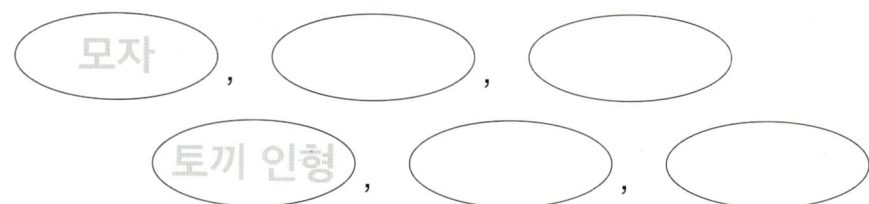

🦉 가족이나 친구에게 **받았던 선물**(신발, 가방 등)이나 어린이날, 크리스마스에 **받고 싶은 물건**(인형, 장난감 등)을 떠올려요. 운동할 때, 비 올 때 등 생활 속에서 자주 사용하는 물건을 떠올려도 좋아요.

겉과 속 모습(모양, 색깔, 크기, 재료 등), **경험**(누가, 언제, 어디에/어디에서, 어떻게, 왜 등)을 찾아요.

✏️ 위에서 떠올린 물건 중에서 하나를 골라 특징을 살펴보고, 빈칸에 알맞은 단어를 쓰세요.

좋아하는 물건		
겉과 속 모습	모양은 어떤가요?	
	색깔은 어떤가요?	
	재료는 무엇인가요?	[겉]: [속]: 🔑 털실, 나무, 종이, 유리, 플라스틱 등
경험	누가 사용하나요?	
	언제 사용하나요?	
	어떻게 사용하나요?	🔑 소리를 내면서, 발로 차면서 등

25

3단계 좋아하는 물건과 특징을 연결해요

기억에 남거나 갖고 싶은 물건과 특징(겉과 속 모습, 경험)을 연결해요.

크리스마스 양말의 겉과 속 모습, 경험을 찾아 알맞은 단어를 쓰거나 골라 연결하세요.

물건	+	특징

크리스마스 양말

모양	글자 ㄴ
색깔	겉: (빨간색, 파란색) 속: 흰색
크기	킥보드
재료	천

언제	(어린이날, 크리스마스 날)
어디에	크리스마스 트리 에
왜	선물 을 받을 수 있다

> 🦉 모양, 색깔, 크기(길이)는 **다른 물건(사물)을 활용**하여 표현할 수 있어요. **모양**은 공 모양, 상자 모양 등으로 표현할 수 있고, **색깔**은 하늘색, 병아리색 등으로 표현할 수 있어요. **크기(길이)**는 달걀 크기, 야구공 크기 등으로 표현할 수 있어요.

 **좋아하는 물건과 특징을 문장으로 써요**

기억에 남거나 갖고 싶은 물건과 특징(겉과 속 모습, 경험)을 문장으로 써요.

크리스마스 양말의 겉과 속 모습, 경험을 연결하여 문장으로 쓰세요.

문장

내 ⟨크리스마스 양말⟩ 을 소개합니다.

모양은 　 글 자 　 ㄴ 　 과 비슷하다.

색깔은 　 겉은 　☐☐ 색 　이고,

　　　　　 속 　 은 흰색이다.

☐ 는 　☐☐☐ 만 하다.

재료 는 　☐ 이다.

언제	☐☐☐☐☐☐☐☐☐☐☐☐ 에 사용한다.
어디에	☐☐☐☐ 트 리 에 걸어 둔다.
왜	☐ 을 받을 수 있**어서** 좋아한다.

> 🦉 쓴 내용을 연결하여 "내 **크리스마스 양말**을 소개합니다. **모양은** 글자 ㄴ과 비슷하다."라고 읽어요. 연결하여 읽을 때 ⟨언제⟩, ⟨어디에⟩ 등은 빼고 "나는 _____ 에 사용한다."라고 읽어요.

이야기로 3단계와 4단계를 연습해요

『알라딘과 요술 램프』 이야기를 읽고 요술 램프의 겉과 속 모습과 경험을 찾아 알맞은 단어를 쓰고 연결하세요.

물건 + 특징

요술 램프

옛날에 소원을 들어주는 신기한 요술 램프가 있었어요. 요술 램프는 주전자와 비슷한 모양에 주둥이가 길쭉하게 튀어나와 있었어요. 겉은 금을 재료로 써서 황금색으로 빛났고, 속은 초록색이었어요. 크기는 왕관만 했어요.

모양	주전자와 비슷하다
	겉: 황[ ]색
	속: 초[ ][ ]
	왕관
재료	금

알라딘은 동굴 속 보물 상자에서 요술 램프를 찾았어요.
"이 요술 램프는 어떻게 사용하는 걸까?"
알라딘은 요술 램프를 손으로 문질러 보았어요. 그러자 '펑' 소리와 함께 요정이 나타났어요.
"세 가지 소원을 말해 보세요."
알라딘은 도움이 필요할 때 소원을 사용해야겠다고 생각했어요.
알라딘은 요술 램프가 마음에 들었어요. 요정이 나와 소원을 들어주기 때문이었어요.

어디에서	보물 상자
어떻게	손으로 문지른다
언제	도움이 필요할 때
왜	소[ ]을 들어준다

알라딘이 되어 요술 램프를 소개하는 글을 쓰고, 소리 내어 읽으세요.

문장

요술 램프 를 소개합니다.

모양 은	주전자 와 비슷하다.
색깔은	겉 은 ☐☐ 색 이다.
	☐ 은 ☐☐ 색 이다.
크기는	왕☐ 만 하다.
재료 는	☐ 이다.

어디에서	보☐☐ 에서 찾았다.
어떻게	☐ 으로 문지르는 방법으로 사용했다.
언제	☐☐ 이 필요할 때 사용하고 싶다.
왜	☐☐ 을 들어주기 때문에 좋아한다.

 **1~4단계 적용** 소개하는 글을 쓰는 1~4단계를 적용해요

필통의 특징을 찾아 알맞은 단어를 쓰거나 골라 연결하고, 문장을 완성하세요.

❶ 물건을 떠올려요 + ❷ 특징을 찾아요
❸ 연결해요

내 (필통)

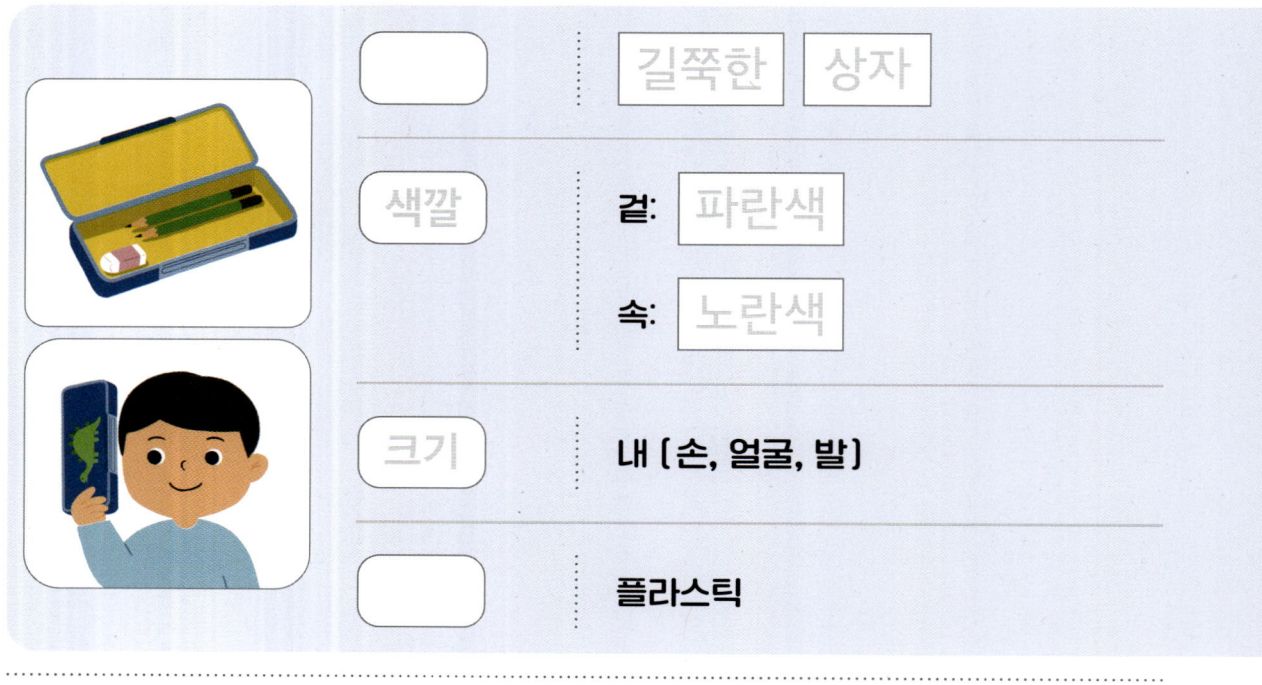

	:	길쭉한	상자
색깔	:	겉: 파란색
	:	속: 노란색
크기	:	내 (손, 얼굴, 발)
	:	플라스틱

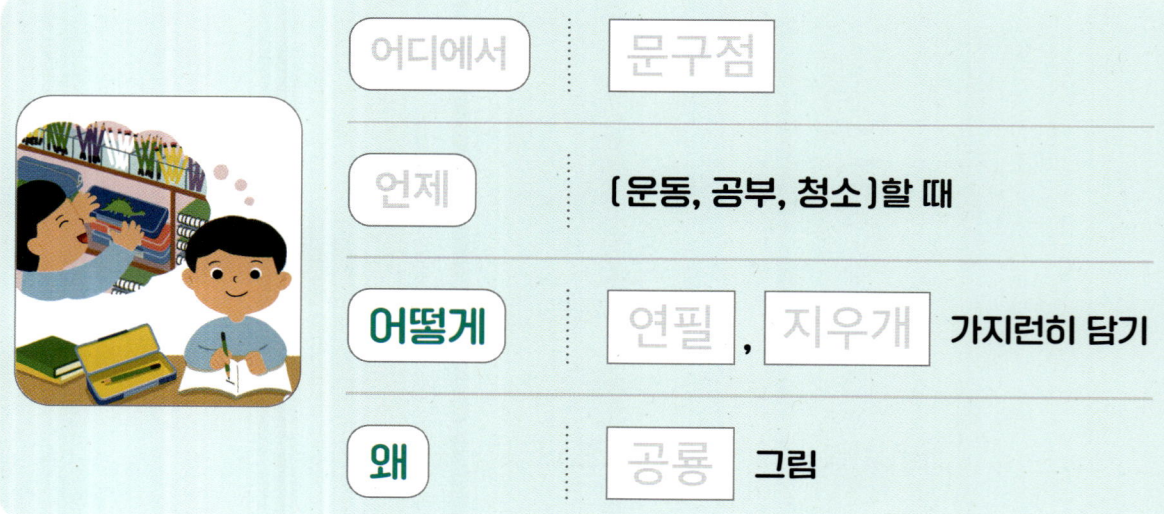

어디에서	:	문구점
언제	:	(운동, 공부, 청소)할 때
어떻게	:	연필 , 지우개 가지런히 담기
왜	:	공룡 그림

> 문장을 완성한 후 소리 내어 읽어 보세요.

④ 문장으로 써요

내 (필통)을 소개합니다.

___길쭉한___ ___상자___ 모양이다.

_겉_ 은 _____ 색이고,

_속_ 은 _____ 색이다.

내 _____ 크기와 비슷하다.

_____이 ___재료___ 이다.

_____에서 산다.

_____할 때 사용한다.

___연필___ 과 _____를 가지런히 담는다.

_____그림이 있기 때문에 좋아한다.

1~4단계에 따라 소개하는 글을 써요

기억에 남거나 갖고 싶은 물건을 떠올려 ❶~❹단계에 따라 문장을 완성하세요.

> ❶ **물건**을 떠올려요   +   ❷ **특징**을 찾아요
>
> ❸ **연결**해요

( )   ⚲ 가방, 자전거 등

| 모양 | [겉]: |
| | [속]: |

| 색깔 | [겉]: |
| | [ ]: |

| 크기 | |

⚲ 귤, 사과, 내 얼굴, 수박 등

| 재료 | |

⚲ 털실, 나무, 유리, 비닐 등

누가	
언제	
어디에/어디에서	
어떻게	
왜	

* 회색 글자는 따라 쓰거나 바꾸어 쓸 수 있어요. 빈칸을 모두 채우지 않아도 되어요.

❹ 문장으로 써요

(　　　　)을/를 소개합니다.

겉 은/는 _____ 모양이다.
속 은/는 _____ 모양 이다.

겉 은/는 _____ 색 이다.
___ 은/는 _____ 색이다.

_____ 만 한 크기이다/크기와 비슷하다.

_____ 이/가 ___재료___ 이다.

_____ 이/가 주었다 / 사 주었다 / _____ .

_____ 때/날에 받았다 / 사용한다 / _____ .

_____ 에/에서 샀다 / 사용한다 / _____ .

_____ 방법으로 사용한다 / _____ .

_____ 때문에 좋아한다 / _____ .

33

정리하기   사물을 소개하는 글 쓰기

1. 좋아하는 음식을 소개하는 글을 쓰는 단계를 정리하고 알맞은 단어를 써요.

❶ 좋아하는 [음식] 을 떠올려요.

맛있게 먹었거나 먹고 싶은 [음식] 을 떠올려요.

❷ [특징] 을 찾아요.

첫째, [모양], [색깔], [크기] 등 겉과 속 모습을 찾아요.

둘째, [맛], [먹는 방법] 등 먹었던 경험을 찾아요.

❸ 음식과 특징을 [연결] 해요.

군고구마 +
- 모양 : 길쭉하다
- 색깔 : 자주색
- 맛 : 달콤하다
- 먹는 방법 : 껍질을 벗겨서

❹ 음식과 특징을 [문장] 으로 써요.

군고구마는
모양은 길쭉하다
색깔은 자주색이다.
맛은 달콤하다.
먹는 방법은 껍질을 벗겨서 먹는다.

2. 좋아하는 물건을 소개하는 글을 쓰는 단계를 정리하고 알맞은 단어를 써요.

❶ 좋아하는 물건 을 떠올려요.

기억에 남거나 갖고 싶은 물건 을 떠올려요.

❷ 특징 을 찾아요.

첫째, 모양 , 색깔 , 크기 등 겉과 속 모습을 찾아요.

둘째, 누가 , 언제 , 어디에서 등 물건에 대한 경험을 찾아요.

❸ 물건과 특징을 연결 해요.

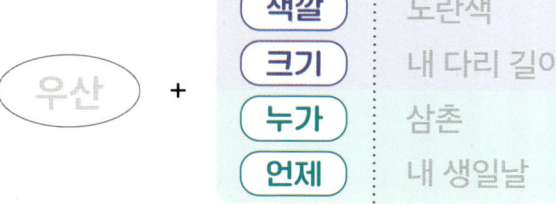

우산 +
색깔 : 노란색
크기 : 내 다리 길이
누가 : 삼촌
언제 : 내 생일날

❹ 물건과 특징을 문장 으로 써요.

우산은 색깔은 노란색이다.
　　　　크기는 내 다리 길이만 하다.
　　　　삼촌께서 주셨다.
　　　　내 생일날에 선물 받았다.

35

편지 쓰기

내가 좋아하는 물건을 떠올려 특징을 쓰고, 친구나 가족에게 그 물건을 소개하는 편지를 써요.

1. 내가 좋아하는 물건을 떠올려 ⬭에 이름을 쓰세요. 그리고 물건의 특징을 찾아 ▭에 쓰세요.

물건 이름: ⬭

특징 *특징은 모두 채우지 않아도 되어요.

겉과 속 모습
- 모양
- 색깔
- 크기
- 재료

경험
- 누가
- 언제
- 어디에서
- 어떻게
- 왜

💡 소개할 물건이 생각나지 않으면 그림을 보고 떠올려요.

36

다양한 형식으로 글 쓰기

2. 물건의 특징 중에서 필요한 것을 선택하여 편지를 쓰세요.

에게/께

> 🦉 내가 좋아하는 물건, 나에게 소중한 물건을 친구나 가족에게 소개하는 편지를 써요. 생일 선물로 받은 곰 인형을 할아버지께 소개할 수도 있고, 아빠가 사 준 장화를 친구에게 소개할 수도 있어요.

월   일

가/올림

2부

동물을 소개하는 글을 써요

1. 자연 속 동물을 소개하는 글을 써요
2. 생활 속 동물을 소개하는 글을 써요

다양한 형식으로 글 쓰기

- 일기 쓰기

1 자연 속 동물을 소개하는 글을 써요

1단계 자연 속에서 좋아하는 동물을 떠올려요

자연 속에서 기억에 남거나 보고 싶은 동물을 떠올려 쓰세요.

기린   판다   치타

2단계 특징을 찾아요

위에서 떠올린 동물 중에서 기린의 특징을 살펴보고, 알맞은 단어를 쓰거나 고르세요.

어떤 동물인가요?

겉모습
- 얼굴은 어떤가요?
  - 귀 모양: 나뭇잎
  - 뿔 크기: 새 와 비슷하다
- 몸은 어떤가요?
  - 몸통 색깔: 누런색   점 색깔: 갈색

사는 모습
- 먹이는 무엇인가요? 나뭇잎
- 사는 곳은 어디인가요? [들판, 사막]
- 움직임은 어떤가요? 성□□ 걷는다

공부한 날짜: 월   일

자연 속에서 **기억에 남거나 보고 싶은 동물**을 떠올리면 무엇을 소개할지 정할 수 있어요.

✏️ 자연 속에서 기억에 남거나 보고 싶은 동물을 떠올려 빈칸에 쓰세요.

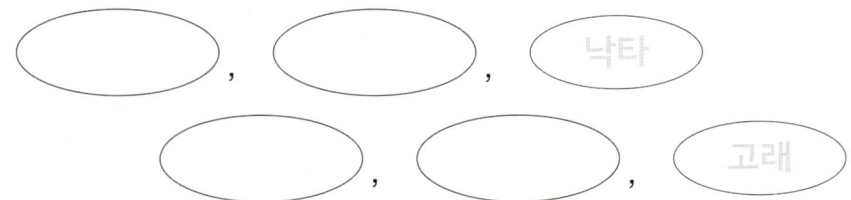

🦉 책, 텔레비전에서 보고 **기억에 남는 동물**이나 동물원에서 **보고 싶은 동물**을 떠올려요. 땅이나 바다에 사는 동물, 하늘을 나는 동물, 큰 동물이나 작은 곤충을 떠올려도 좋아요.

겉모습(얼굴-눈 모양/귀 크기 등, 몸-배 색깔/꼬리 모양 등), **사는 모습**(먹이, 사는 곳, 움직임 등)을 찾아요.

✏️ 위에서 떠올린 동물 중에서 하나를 골라 특징을 살펴보고, 빈칸에 알맞은 단어를 쓰세요.

좋아하는 동물			
겉모습	얼굴은 어떤가요?	[눈 모양]:	
		[　　모양]:	
	몸은 어떤가요?	[　　　]:	
사는 모습	먹이는 무엇인가요?		🔖 나뭇잎, 열매, 물고기, 곤충, 동물 사냥 등
	사는 곳은 어디인가요?		🔖 숲, 사막, 들판, 나무 위, 바닷속 등
	움직임은 어떤가요?		🔖 기어다닌다, 걷는다, 달린다, 헤엄친다, 날아다닌다 등

41

3단계 자연 속 동물과 특징을 연결해요

자연 속에서 기억에 남거나 보고 싶은 동물과 특징(겉모습, 사는 모습)을 연결해요.

코끼리의 겉모습과 사는 모습을 찾아 알맞은 단어를 쓰거나 골라 연결하세요.

동물 + **특징**

코끼리

얼굴
- 코 모양: 기다랗다
- 코 길이: 나무 줄기
- 어금니 색깔: (흰색, 검은색)

몸
- 몸통 색깔: 회색
- 꼬리 모양: 가늘다
- 발 모양: 두툼하다

- 먹이: 풀, 열매
- **사는 곳**: (숲과 풀밭, 강물 속)
- 움직임: 쿵 쿵 걷는다

🦉 동물의 **겉모습**은 **얼굴**(눈, 코, 귀 등)과 **몸**(등, 꼬리, 발 등)으로 나누어 모양, 색깔, 크기를 찾아요.

4단계 자연 속 동물과 특징을 문장으로 써요

자연 속에서 기억에 남거나 보고 싶은 동물과 특징(겉모습, 사는 모습)을 문장으로 써요.

코끼리의 겉모습과 사는 모습을 연결하여 문장으로 쓰세요.

> 문장

(코끼리) 를 소개합니다.

얼굴 은	코 모양은 기 ⬜ ⬜ .
	코 길이는 나 ⬜ 줄 ⬜ 만 하다.
	어금니 색깔은 ⬜⬜ 이다.
몸은	몸통 색깔 은 ⬜ 색 이다.
	꼬리 모양은 ⬜⬜⬜ .
	⬜ 모양 은 ⬜⬜⬜⬜ .
먹이는	풀 과 ⬜⬜ 이다.
사는곳 은	⬜⬜⬜ 이다.
움직임은	⬜⬜⬜ 걷는다.

🦉 쓴 내용을 연결하여 "**코끼리**를 소개합니다. **얼굴**은 코 모양은 기다랗다."라고 읽어요. 소개하는 문장은 다른 형태로 표현할 수 있어요. "**먹이**는 풀과 열매이다."를 "풀과 열매를 **먹는다**."로 표현할 수 있어요.

이야기로 3단계와 4단계를 연습해요

『여우와 두루미』 이야기를 읽고 두루미의 겉모습과 사는 모습을 찾아 알맞은 단어를 쓰고 연결하세요.

동물 + **특징**

(두루미)

어느 마을에 소년이 살았어요. 여우네 집에서 놀다가 나온 소년은 돌아가는 길에 두루미를 만났어요. 두루미 얼굴을 보니 뾰족한 부리가 눈에 띄었어요. 빨간색 머리가 모자를 쓴 것처럼 보였어요. 몸은 깨끗한 흰색 깃털로 덮여 있었고, 날개 끝은 검은색이었어요. 다리는 길고 가늘었어요.

| 얼굴 | 부리 모양: 뾰족 하다 |
| | 머리 색깔: 빨간색 |

몸	다리 모양: 가늘다
	깃털 색깔: 흰색
	날개 끝 색깔: 검은색

소년은 두루미네 집에 놀러 갔어요. 두루미와 이런저런 이야기를 나누었어요.
🐦 "나는 나무 위에서 집을 짓고 살아. 물가를 돌아다니며 먹이를 찾지."
🧒 "무엇을 먹는데?"
🐦 "물고기를 잡아먹지."
🧒 "하늘에서는 어떻게 움직여?"
🐦 "큰 날개를 펄럭이며 날아. 하늘에서 세상을 보면 재미있어. 아주 작게 보이거든."

| 사는 곳 | 나무 위: 집을 짓고 산다 |
| | 물가 : 먹이를 찾는다 |

| 먹이 | 물 |

| | 날개 를 펄럭이며 난다 |

44

소년이 되어 두루미를 소개하는 글을 쓰고, 소리 내어 읽으세요.

문장

두루미 를 소개합니다.

얼굴은
- 부리 모양은 뾰☐☐☐.
- 머리 색깔은 빨☐☐이다.

몸은
- 다리 모양은 ☐☐.
- 깃☐ 색깔은 ☐이다.
- 날개 끝 색깔은 ☐이다.

사는 곳은
- ☐☐ 위에서 집을 짓고 산다.
- ☐에서 먹이를 찾는다.

먹이는 ☐이다.

움직임은 ☐를 펄럭이며 난다.

1~4단계 적용   1~4단계를 적용해 소개하는 글을 써요

펭귄의 특징을 찾아 알맞은 단어를 쓰거나 골라 연결하고, 문장을 완성하세요.

❶ **동물**을 떠올려요   +   ❷ **특징**을 찾아요
❸ **연결**해요

펭귄

| 얼굴 | 색깔: 검은색 |
| | 부리 모양: 뾰족하다 |

몸	등 색깔: [흰색, 검은색]
	배 모양: 불룩 하다.
	발 모양: 물갈퀴

| | 오징어 , 물고기 |
| 사는 곳 | [모래 위, 얼음 위, 동굴 속] |

| 움직임 | 배 로 밀고 간다 |
| | 날 듯이 헤엄 친다 |

문장을 완성한 후 소리 내어 읽어 보세요.

❹ 문장으로 써요

⬭ 펭귄 ⬭ 을 소개합니다.

얼굴은 ___검은색___ 이다.

부리는 ___뾰족한___ ___모양___ 이다.

몸은 ___등___ 은 _____ 색이다.

___배___ 는 ___불룩한___ 모양이다.

___발___ 에는 _____ 가 있다.

오징어와 _____ 를 **먹는다**.

_____ 에서 ___산다___ .

____ 로 밀고 **간다**.

___날 듯이___ **헤엄친다**.

47

1~4단계에 따라 소개하는 글을 써요

자연 속에서 기억에 남거나 보고 싶은 동물을 떠올려 ❶~❹단계에 따라 문장을 완성하세요.

> ❶ **동물**을 떠올려요   +   ❷ **특징**을 찾아요
>
>   ❸ **연결**해요

(﹍﹍﹍)   ☦ 치타, 상어, 악어 등

[얼굴]

　　[눈 색깔] :

　　[　　　　] :

　　[　　　　] :

─────────────────────────

[몸]

　　[다리 모양] :

　　[　　　　] :

　　[　　　　] :

┄┄┄┄┄┄┄┄┄┄┄┄┄┄┄┄┄┄┄┄┄┄┄

[먹이]

　　　　　　　　☦ 나뭇잎, 열매, 물고기, 곤충, 동물 사냥 등

[사는 곳]

　　　　　　　　☦ 숲, 사막, 들판, 강물 속, 바닷속 등

[움직임]

　　　　　　　　☦ 기어다닌다, 걷는다, 달린다, 헤엄친다, 날아다닌다 등

* 회색 글자는 따라 쓰거나 바꾸어 쓸 수 있어요. 빈칸을 모두 채우지 않아도 되어요.

❹ **문장**으로 써요

( ) 을/를 소개합니다.

얼굴 은   눈 은/는 _____ 모양/색/크기 이다.

　　　　　 귀 은/는 _____ .

　　　　　 ___ 은/는 _____ .

몸 은   다리 은/는 _____ .

　　　　　 ___ 은/는 _____ .

　　　　　 ___ 은/는 _____ .

_____ 을/를 먹는다.

_____ 에서 산다.

_____ .

쉬어 가기

수수께끼가 있는 길을 따라가며 어떤 동물일지 알아맞혀요.
그리고 그림을 색칠하고 빈칸에 알맞은 이름을 쓰세요.

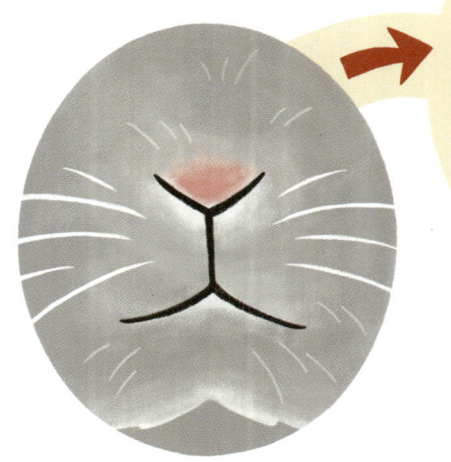

눈이 빨개요.

작은 소리도 잘 들어요.

아프리카에 많이 살아요.

다람쥐, 토끼 등을 사냥해 잡아먹어요.

깡충깡충
뛰어요.

어떤 동물일까요?

☐☐

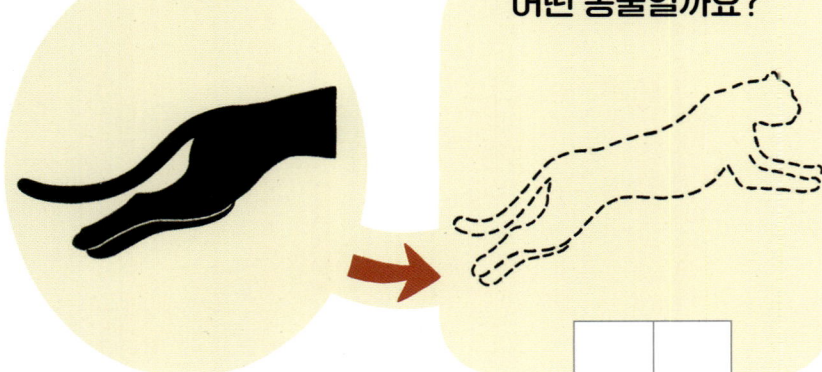

땅 위에 사는
동물 중
가장 빠르게
달려요.

어떤 동물일까요?

☐☐

2 생활 속 동물을 소개하는 글을 써요

1단계 생활 속에서 좋아하는 동물을 떠올려요

생활 속에서 기르거나 기르고 싶은 동물을 떠올려 쓰세요.

고양이   닭   병아리   금붕어

2단계 특징을 찾아요

위에서 떠올린 동물 중에서 고양이의 특징을 살펴보고, 알맞은 단어를 쓰거나 고르세요.

공부한 날짜: 월   일

생활 속에서 **기르거나 기르고 싶은 동물**을 떠올리면 무엇을 소개할지 정할 수 있어요.

✏️ 생활 속에서 기르거나 기르고 싶은 동물을 떠올려 빈칸에 쓰세요.

( ), ( ), (햄스터)

( ), ( ), (거위)

🦉 친척 집에서 **기르는 동물**이나 우리 집에서 **기르고 싶은** 동물을 떠올려요. 농장에서 기르는 가축 또는 곤충을 떠올려도 좋아요.

겉모습(얼굴-코 모양/귀 색깔 등, 몸-등 색깔/발 크기 등), **사는 모습**(소리, 먹이 등), **경험**(언제, 어디에서, 왜 등) 을 찾아요.

✏️ 위에서 떠올린 동물 중에서 하나를 골라 특징을 살펴보고, 빈칸에 알맞은 단어를 쓰세요.

좋아하는 동물	( )		
겉모습	얼굴은 어떤가요?	[귀 모양]:	
	몸은 어떤가요?	[ ]:	
		[ ]:	
사는 모습	소리는 어떤가요?		🔑 멍멍, 음매, 삐악삐악, 꽥꽥 등
	움직임은 어떤가요?		🔑 귀를 움직인다, 입으로 문다, 꼬리를 흔든다 등
경험	어디에서 보았나요?		
	왜 좋아하나요?		

53

3단계 생활 속 동물과 특징을 연결해요

생활 속에서 기르거나 기르고 싶은 동물과 특징(겉모습, 사는 모습, 경험)을 연결해요.

오리의 겉모습, 사는 모습과 경험을 찾아 알맞은 단어를 쓰거나 골라 연결하세요.

| 동물 | + | 특징 |

오리

얼굴 — 부리 모양: 넓적하다
몸 — 깃털 색깔: [흰색, 검은색]
몸집 크기: [장화, 야구공]

소리 — [야옹, 꽥꽥, 삐악삐악]
먹이 — 사료, 과일
움직임 — [뒤뚱뒤뚱, 아장아장] 걷기

어디에서 — 할머니 댁에서
무엇을 — 오리 알
왜 — 나를 따라다닌다

4단계 생활 속 동물과 특징을 문장으로 써요

생활 속에서 기르거나 기르고 싶은 동물과 특징(겉모습, 사는 모습, 경험)을 문장으로 써요.

오리의 겉모습, 사는 모습과 경험을 연결하여 문장으로 쓰세요.

→ **문장**

(오리) 를 소개합니다.

| 얼굴 | 은 | 부리 모양은 | 넙 | | | . |

몸은
- 깃털 색깔은 ☐ 색이다.
- 몸집 크기 는 ☐ 만 하다.

☐ 는 ☐ 하고 운다.
먹이는 사 와 과 을 먹는다.
움직임 은 ☐ 걷는다.

(어디에서) ☐ 댁 에서 처음 보았다.
(무엇을) 오리 알 을 얻는다.
(왜) 나를 따라다니기 때문에 좋아한다.

이야기로 3단계와 4단계를 연습해요

『소가 된 게으름뱅이』 이야기를 읽고 소의 겉모습, 사는 모습, 경험을 찾아 알맞은 단어를 쓰고 연결하세요.

동물 + 특징

게으름뱅이는 소머리 탈을 만드는 할아버지를 만났어요. 호기심에 소머리 탈을 쓰자 소가 되고 말았어요. 얼굴에는 뾰족한 뿔이 돋아났고, 눈망울이 둥그레졌어요. 몸은 등이 황토색 털로 뒤덮였고, 네 다리는 굵직해졌어요.

얼굴	뿔 모양: 뾰족하다
	눈 모양: 둥그렇다
몸	등 색깔: 황토색

게으름뱅이는 자신이 소가 되었다는 것을 알고 놀랐어요. 살려달라고 소리쳤지만 "음매." 하고 소 울음소리만 나왔어요. 농부가 주는 풀과 옥수수만 먹이로 먹었어요. 빨리 도망가고 싶었지만, 움직임은 느릿느릿 걷는 게 다였어요.

소리	음매
먹이	풀, 옥수수
움직임	느릿느릿 걷는다

농부는 시장에서 할아버지에게 소를 샀어요. 집에 데려와 소에게 논밭 가는 일을 시켰어요. 농부는 소가 아주 마음에 들었어요. 소가 힘이 아주 세서 논밭을 잘 갈기 때문에 좋아했어요.

어디에서	시장에서
무엇을	논밭 갈기
왜	힘이 세서 논밭을 잘 간다

농부가 되어 소를 소개하는 글을 쓰고, 소리 내어 읽으세요.

문장

소 를 소개합니다.

얼굴 은	뿔 모양은 뾰 ☐ ☐ .
	눈 모양은 ☐ ☐ ☐ .
☐ 은	등 색깔은 ☐ ☐ 색 이다.

소리 는	" 음 ☐ " 하고 운다.
먹이는	☐ 과 ☐ ☐ 를 먹는다.
☐ 은	☐ ☐ ☐ 걷는다.

어디에서	☐ ☐ 에서 데려왔다.
무엇을	☐ ☐ 가는 일을 시켰다.
왜	☐ 이 세서 논밭을 잘 갈기 때문에 좋아한다.

 **소개하는 글을 쓰는 1~4단계를 적용해요**

아기 돼지의 특징을 찾아 알맞은 단어를 쓰거나 골라 연결하고, 문장을 완성하세요.

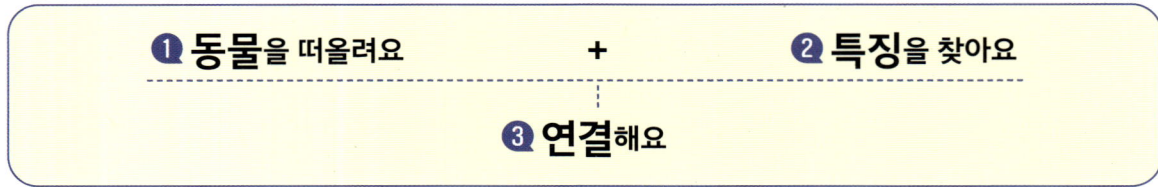

아기 돼지

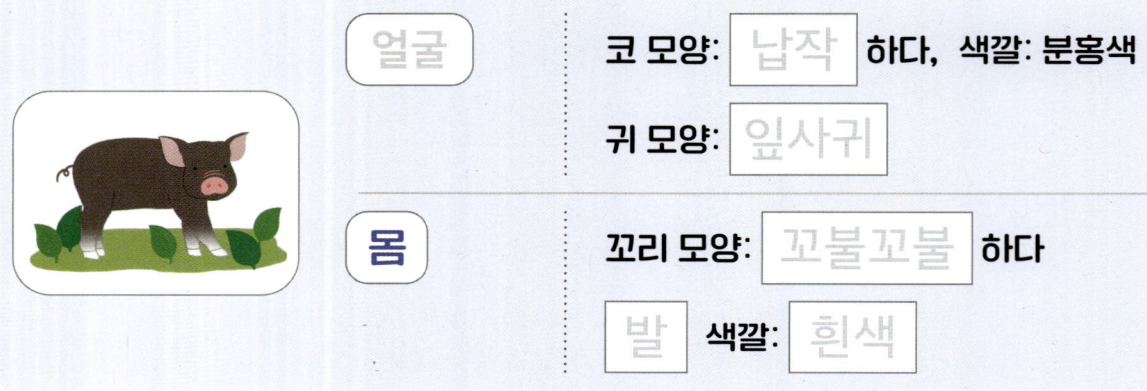

얼굴
- 코 모양: 납작 하다, 색깔: 분홍색
- 귀 모양: 잎사귀

몸
- 꼬리 모양: 꼬불꼬불 하다
- 발 색깔: 흰색

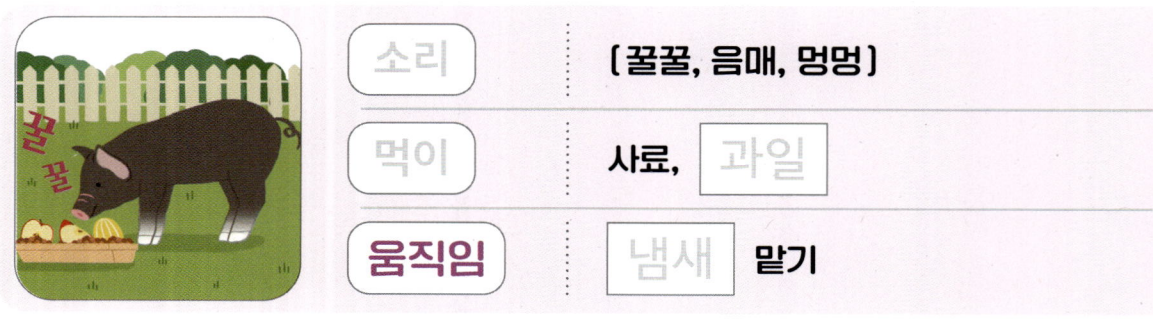

소리 : (꿀꿀, 음매, 멍멍)
먹이 : 사료, 과일
움직임 : 냄새 맡기

어디에서 : 삼촌네 농장
무엇을 : 키우는 재미, 즐거움
왜 : 먹는 모습이 웃긴다

문장을 완성한 후 소리 내어 읽어 보세요.

❹ 문장으로 써요

○아기 돼지○ 를 소개합니다.

얼굴은 코는 ___납작한___ 모양이고, ___분홍색___ 이다.
귀는 _____ ___모양___ 과 비슷하다.
___몸___ 은 ___꼬리___ 는 ___꼬불꼬불한___ 모양이다.
___ 은 ___ 색이다.

_____ 소리를 내며 운다.
_____ 와 _____ 을 ___먹는다___ .
_____ 를 맡는다.

삼촌네 _____ 에서 처음 보았다.
키우는 _____ 와 _____ 을 얻는다.
먹는 모습이 ___웃기기___ 때문에 좋아한다.

🦉 소개하는 문장은 "소리는 꿀꿀 하고 운다."를 "꿀꿀 소리를 내며 운다."로 표현할 수 있어요.

1~4단계에 따라 소개하는 글을 써요.

생활 속에서 기르거나 기르고 싶은 동물을 떠올려 ❶~❹단계에 따라 문장을 완성하세요.

❶ **동물**을 떠올려요　　+　　❷ **특징**을 찾아요
　　　　　　❸ **연결**해요

　　🔑 양, 소, 사슴벌레 등

얼굴　[눈 모양] :
　　　[　　　　] :

몸　　[다리 길이] :
　　　[　　　　] :

소리
먹이
움직임

어디에서
무엇을
　　🔑 알, 털, 우유, 따뜻함, 즐거움, 행복, 산책, 쓰다듬기 등
왜

* 회색 글자는 따라 쓰거나 바꾸어 쓸 수 있어요. 빈칸을 모두 채우지 않아도 되어요.

❹ 문장으로 써요

_____을/를 소개합니다.

얼굴 은 눈 은/는 _____모양 / 색 / 크기_____ 이다.

_____ 은/는 _____.

몸 은 다리 은/는 _____.

_____ 은/는 _____.

_____ 소리를 낸다/운다.

_____ 을/를 먹는다.

_____.

_____ 에서 보았다 / _____.

_____ 을/를 얻는다 / 한다 / _____.

_____ 때문에 좋아한다 / _____.

정리하기 동물을 소개하는 글 쓰기

1. 자연 속 동물을 소개하는 글을 쓰는 단계를 정리하고 알맞은 단어를 써요.

❶ 자연 속 에서 좋아하는 동물 을 떠올려요.

자연 속에서 기억에 남거나 보고 싶은 동물 을 떠올려요.

❷ 특징 을 찾아요.

첫째, 얼굴 과 몸 의 겉모습을 찾아요.

둘째, 먹이 , 사는 곳 , 움직임 등
사는 모습을 찾아요.

❸ 자연 속 동물과 특징을 연결 해요.

치타 +
- 얼굴 : 귀 모양: 동그랗다
- 몸 : 몸통 색깔: 누런색에 검은색 점
- 사는 곳 : 들판
- 움직임 : 아주 빠르게 달린다

❹ 자연 속 동물과 특징을 문장 으로 써요.

치타는 얼굴은 귀 모양은 동그랗다.
몸은 색깔은 누런색에 검은색 점이 있다.
사는 곳은 들판이다.
움직임은 아주 빠르게 달린다.

2. 생활 속 동물을 소개하는 글을 쓰는 단계를 정리하고 알맞은 단어를 써요.

❶ 생활 속 에서 좋아하는 동물 을 떠올려요.

생활 속에서 기르거나 기르고 싶은 동물 을 떠올려요.

❷ 특징 을 찾아요.

첫째, 얼굴 과 몸 의 겉모습을 찾아요.

둘째, 소리 , 먹이 , 움직임 등 사는 모습을 찾아요.

셋째, 언제 , 어디에서 , 왜 등 동물에 대한 경험을 찾아요.

❸ 생활 속 동물과 특징을 연결 해요.

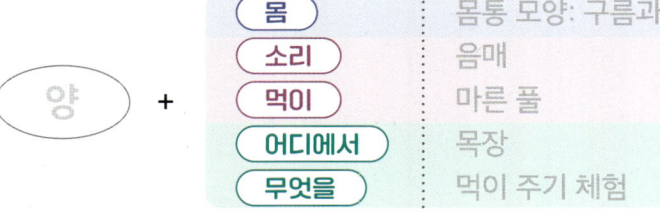

❹ 생활 속 동물과 특징을 문장 으로 써요.

양은 몸은 몸통 모양은 구름과 비슷하다.
      소리는 '음매' 하고 운다.
      먹이는 마른 풀이다.
      목장에서 보았다.
      먹이 주기 체험을 했다.

일기 쓰기

생활 속에서 만난 동물을 떠올려 특징을 쓰고, 그 동물을 소개하는 내용으로 일기를 써요.

1. 내가 생활 속에서 만난 동물을 떠올려 ◯에 이름을 쓰세요. 그리고 동물의 특징을 찾아 ☐에 쓰세요.

동물 이름: ⬭

특징					
겉모습	얼굴	[ ]:		[ ]:	
	몸	[ ]:		[ ]:	
사는 모습	소리				
	먹이				
	움직임				
경험	언제				
	어디에서				
	무엇을				
	왜				

* 특징은 모두 채우지 않아도 되어요.

💡 소개할 동물이 생각나지 않으면 그림을 보고 떠올려요.

다양한 형식으로 글 쓰기

2. 동물의 특징 중에서 필요한 것을 선택하여 일기로 쓰세요.

| 월 | 일 | 요일 | ☀️ ☁️ ☂️ ⛄ |

3부

인물을 소개하는 글을 써요

① 좋아하는 인물을 소개하는 글을 써요
② 직업 관련 인물을 소개하는 글을 써요

다양한 형식으로 글 쓰기
- 설명하는 글 쓰기

1 좋아하는 인물을 소개하는 글을 써요

1단계 좋아하는 인물을 떠올려요

가족이나 친척, 친구를 떠올려 쓰세요.

동생

할머니

친구

2단계 특징을 찾아요

위에서 떠올린 인물 중에서 할머니의 특징을 살펴보고, 알맞은 단어를 쓰거나 고르세요.

어떤 인물인가요? 할머니(이보람, 예순한 살)

겉모습
- 얼굴은 어떤가요?
  - 머리 색깔: 흰색
  - 눈썹 모양: [초승달, 보름달]
- 몸은 어떤가요?
  - 키: 나보다 두 뼘 만큼 크다

내가 찾은 특징

할머니는 최고 요리사!

- 성격은 어떤가요? [잘 웃는다, 겁이 많다, 씩씩하다]
- 좋아하는 것은 무엇인가요? 노래 부르기
- 잘하는 것은 무엇인가요? [요리하기, 청소하기]

> 인물을 소개하는 글을 쓸 때는 누구인지, 이름과 나이도 같이 떠올려요. 그리고 인물을 소개할 때는 소개받는 사람이 이미 아는 것은 빼고 소개할 수 있어요. 나이는 예순한 살로 쓰거나 61세로 쓸 수 있어요.

공부한 날짜: 월   일

가족이나 **친척**, **친구**를 떠올리면 무엇을 소개할지 정할 수 있어요.

✏️ 가족이나 친척, 친구를 떠올려 빈칸에 쓰세요.

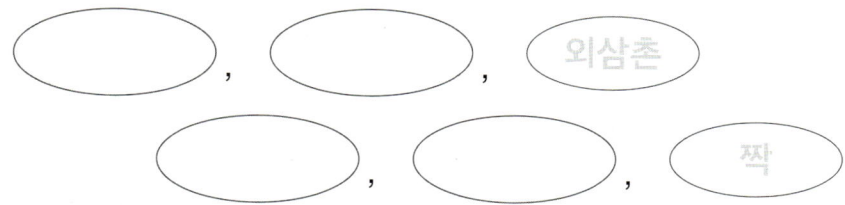

> 🦉 좋아하는 **가족**은 할머니, 엄마, 아빠, 동생 등을 떠올릴 수 있어요. 만나면 반가운 **친척**은 이모, 고모, 작은아빠, 외삼촌 등을, 함께할 때 기분이 좋아지는 **친구**는 짝, 모둠 친구, 반 친구, 동네 친구 등을 떠올리면 좋아요.

겉모습(얼굴-머리 모양/눈 색깔, 몸-팔 길이, 키 등), **내가 찾은 특징**(성격, 좋아하는 것, 잘하는 것 등)을 찾아요.

✏️ 위에서 떠올린 인물 중에서 한 명을 골라 특징을 살펴보고, 빈칸에 알맞은 단어를 쓰세요.

> 🦉 **겉모습**의 경우 앞에서 배운 대로 **얼굴**(눈 모양: 동그랗다, 눈썹 색깔: 갈색 등)과 **몸**(팔 모양: 가느다랗다, 손가락 길이: 길다 등)으로 나누어 모양, 색깔, 크기를 찾을 수 있어요.

3단계 좋아하는 인물과 특징을 연결해요

가족이나 친척, 친구와 특징(겉모습, 내가 찾은 특징)을 연결해요.

동생의 겉모습과 내가 찾은 특징을 찾아 알맞은 단어를 쓰거나 골라 연결하세요.

| 인물 | + | 특징 |

동생 — 이름: 김하늘   나이: 일곱 살

얼굴
- 머리 길이: 단발
- 눈썹 색깔: 진한 갈색
- 눈 모양: 동그랗다
- 코 크기: 엄지 손가락

몸
- 팔 길이: 길다
- 키: 나보다 한 뼘 만큼 (크다, 작다)

성격: (활발하다, 겁이 많다, 수줍음이 많다)

좋아하는 것: 친구들과 노는 것

잘하는 것: 구슬치기

4단계 **좋아하는 인물**과 **특징을 문장으로 써요**

가족이나 친척, 친구와 특징(겉모습, 내가 찾은 특징)을 문장으로 써요.

동생의 겉모습과 내가 찾은 특징을 연결하여 문장으로 쓰세요.

> 문장

(동생) 이름은 김하늘이고, 나이는 일곱 살이다.

얼굴 은
- 머리 길이는 단발 이다.
- 눈썹 색깔은 진한 갈색 이다.
- 눈 모양 은 동그랗다.
- 코 크기는 엄지 손가락만 하다.

☐ 은
- 팔 길이는 길다.
- 키 는 나 보다 한 뼘 만큼 ☐ .

성격 은 _____ .

좋아하는 것은 _____ 이다.

잘하는 것은 _____ 이다.

이야기로 3단계와 4단계를 연습해요

『재주 많은 삼 형제』 이야기를 읽고 첫째 형의 겉모습, 내가 찾은 특징을 찾아 알맞은 단어를 쓰고 연결하세요.

인물 + 특징

첫째 형

이름: 이하나 나이: 열세 살

얼굴
- 머리 모양: 곱슬 하다
- 눈 모양: 길쭉 하다
- 눈 크기: 작다

몸
- 키: 천장에 닿을 만큼 크다
- 다리 모양: 굵다

옛날 어느 마을에 특별한 재주를 가진 삼 형제가 살았어요. 첫째의 이름은 이하나이고, 나이는 열세 살이었어요. 첫째의 모습은 남달랐어요. 얼굴을 보면, 머리 모양은 곱슬했어요. 눈은 길쭉하고 단춧구멍처럼 아주 작았어요. 몸을 보면, 키는 천장에 닿을 만큼 컸어요. 다리는 코끼리처럼 아주 굵었어요.

첫째는 산에 올라가는 것을 좋아해서 매일 아침 산에 갔어요. 눈이 좋아 아주 멀리까지 보는 것을 잘했지요. 첫째는 호기심이 많은 성격이었어요.
 "옆 마을에 무슨 일이 있나? 어? 밭에서 연기가 나네." 깜짝 놀란 첫째는 옆 마을에 불이 난 것을 알리고, 열심히 사람들을 도왔어요.

- 좋아하는 것: 등산
- 잘하는 것: 멀리까지 보는 것
- 성격: 호기심 이 많다
- 사람들을 잘 돕 는다

막내가 되어 첫째 형을 소개하는 글을 쓰고, 소리 내어 읽으세요.

> **문장**

첫째 형) 이름은 이하나이고, 나이는 열세 살이다.

얼굴은	머리 모양 은 곱슬하다.
	눈 모양 은 길쭉하다.
	눈 □□ 는 작다 .

몸은	키는 천장 에 닿을 만큼 크 다.
	다리 모양은 굵다.

좋아하는 것은	□□ 이다.
잘하는 것 은	눈이 좋아 멀리까지 □□ 것이다.
성격은	호기심 이 많다.
	사람들을 잘 □□ .

 **소개하는 글을 쓰는 1~4단계를 적용해요**

짝의 특징을 찾아 알맞은 단어를 써서 연결하고, 문장을 완성하세요.

❶ **인물**을 떠올려요   +   ❷ **특징**을 찾아요
           ❸ **연결**해요

짝   이름 강바람   나이 아홉 살

얼굴
- 머리 길이: 짧다
- 머리 모양: 잔디같이 뻗어 있다
- 귀 크기: 주먹
- 눈 모양: 가늘다, 쌍꺼풀

몸
- 키: 나 와 비슷 하다
- 팔 길이: 한 뼘 만큼 길다

성격   자신감 있다, 친절하다

좋아하는 것   종이접기, 모자 쓰기

잘하는 것   생각 발표하기

❹ 문장으로 써요

짝 이름은 강바람이고, 나이는 아홉 살이다.

얼굴은 머리는 ___짧은___ 길이이고,

잔디같이 _____ 모양이다.

귀는 _____ 만 한 크기이다.

눈은 _____ 모양이고, _____ 이 있다.

몸은 키는 나____ _____.

팔은 한 뼘만큼 _____ 길이이다.

자신감 있고, _____ __성격이다__.

_____ 와 __모자 쓰기__ 를 **좋아한다**.

생각 _____ 를 **잘한다**.

1~4단계에 따라 소개하는 글을 써요

가족이나 친척, 친구를 떠올려 ❶~❹단계에 따라 문장을 완성하세요.

❶ **인물**을 떠올려요   +   ❷ **특징**을 찾아요

❸ **연결**해요

( )　　이름　　나이
🔸 할아버지, 엄마, 삼촌, 고모, 짝, 모둠 친구 등

얼굴

[머리 색깔]:

[귀]:

[ ]:

몸

[다리]:

[키]:

🔸 ___와/과 비슷하다, ___만큼 작다/크다 등

성격

🔸 씩씩한, 조심성이 많은, 급한, 조용한 등

좋아하는 것

🔸 축구, 노래, 국어, 치킨, 선생님 등

잘하는 것

🔸 책 읽기, 정리하기, 태권도, 달리기 등

* 회색 글자는 따라 쓰거나 바꾸어 쓸 수 있어요. 빈칸을 모두 채우지 않아도 되어요.

> ❹ **문장**으로 써요

(　　　) 이름은 ＿＿＿＿＿이고, 나이는 ＿＿＿ 살이다.

얼굴 은　머리 은/는 ＿＿＿＿＿ 모양 / 색 / 크기 ＿＿ 이다.

　　　　　귀 은/는 ＿＿＿＿＿＿＿＿＿＿＿＿＿＿＿＿.

　　　　＿＿ 은/는 ＿＿＿＿＿＿＿＿＿＿＿＿＿＿＿＿.

몸 은　다리 은/는 ＿＿＿＿＿＿＿＿＿＿＿＿＿＿ 이다.

　　　　＿＿ 은/는 ＿＿＿＿＿＿＿＿＿＿＿＿＿＿＿＿.

＿＿＿＿＿＿＿＿＿＿＿＿＿＿＿＿＿＿＿＿ 성격이다.

＿＿＿＿＿＿＿＿＿＿＿＿＿＿＿＿＿＿＿ 을/를 좋아한다.

＿＿＿＿＿＿＿＿＿＿＿＿＿＿＿＿＿＿＿ 을/를 잘한다.

77

쉬어 가기

그림을 색칠하고, 남자아이가 설명하는 친구를 찾아 ○ 표시를 하세요.

2 직업 관련 인물을 소개하는 글을 써요

1단계 직업 관련 인물을 떠올려요

만나 보거나 되고 싶은 직업 관련 인물을 떠올려 쓰세요.

경찰관

소방관

아나운서

2단계 특징을 찾아요

위에서 떠올린 인물 중에서 소방관의 특징을 살펴보고, 알맞은 단어를 쓰거나 고르세요.

👀 겉모습의 **복장**은 머리나 얼굴, 몸으로 나누어 찾아요. 거기에 필요한 복장을 생각하면 쉽게 쓸 수 있어요. 머리에는 모자나 헬멧을, 얼굴에는 안경이나 마스크를, 몸에는 겉옷이나 장갑 등을 찾을 수 있어요.

공부한 날짜: 월   일

만나 보거나 되고 싶은 직업 관련 인물을 떠올리면 무엇을 소개할지 정할 수 있어요.

✏️ 만나 보거나 되고 싶은 직업 관련 인물을 떠올려 빈칸에 쓰세요.

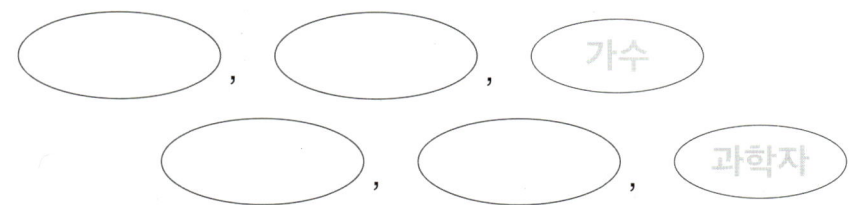

🦉 특별한 곳에서 만나거나 책에서 본 **직업 관련 인물**을 떠올려요. 의사, 간호사, 사육사, 운동선수, 조종사 등을 떠올릴 수 있어요. 자신이 되고 싶은 직업 관련 인물도 떠올려요.

겉모습(복장, 도구 등), **하는 일**(어디에서, 언제, 누구를 위해 등), **경험**(언제, 소리, 훌륭한 점 등)을 찾아요.

✏️ 위에서 떠올린 인물 중에서 한 명을 골라 특징을 살펴보고, 빈칸에 알맞은 단어를 쓰세요.

직업			
겉모습	복장은 어떤가요?	[색깔]: [ ]:	
	도구는 무엇인가요?		
하는 일	어디에서 일하나요?		👤 집, 학교, 은행, 경찰서, 야구장 등
	언제 일하나요?		👤 교통정리, 가르치기, 노래 부르기, 운동 등
경험	언제 보았나요?		
	훌륭한 점은 무엇인가요?		

🦉 빈칸을 모두 채우지 않아도 되어요. 회색 글씨는 따라 쓰거나 바꾸어 쓸 수 있어요. **훌륭한 점**은 하는 일에서 칭찬할 점, 뛰어난 점 등을 찾아요. 자신이 되고 싶은 직업이라면 그 이유를 생각하면 돼요.

3단계 직업 관련 인물과 특징을 연결해요

만나 보거나 되고 싶은 직업 관련 인물과 특징(겉모습, 하는 일, 경험)을 연결해요.

요리사의 겉모습, 하는 일, 경험을 찾아 알맞은 단어를 쓰거나 골라 연결하세요.

인물	+	특징
요리사		

복장	모자 모양: 식빵
도구	(칼, 공, 도마, 연필, 프라이팬) 등

어디에서	(식당 주방, 병원 진료실)
언제	음식 을 만들 때
누구를 위해	손님

언제	생일날 에
소리	치지직 소리, 탁탁탁 소리
훌륭한 점	맛있는 음식 을 만드는 것

 직업 관련 인물과 특징을 문장으로 써요

만나 보거나 되고 싶은 직업 관련 인물과 특징(겉모습, 하는 일, 내 경험)을 써요.

요리사의 겉모습, 하는 일, 경험을 연결하여 문장으로 쓰세요.

➡ **문장**

요리사 를 소개합니다.

복장은	모☐ 모양은 식☐ 이다.	
도구 는	☐ , ☐ , ☐ 등이다.	

어디에서	☐ ☐ 에서 볼 수 있다.
언제	☐ 을 만들 때 일한다.
누구를 위해	손님 을 위해 일한다.

언제	☐ 에 보았다.
소리	치지직 소리와 ☐ 소리를 들었다.
훌륭한 점	맛있는 음식을 ☐ 것이 훌륭하다고 생각한다.

이야기로 3단계와 4단계를 연습해요

『구둣방 할아버지와 요정』 이야기를 읽고 구두장이의 겉모습, 하는 일, 경험을 찾아 알맞은 단어를 쓰고 연결하세요.

(인물) + (특징)

(구두장이)

어느 날, 요정이 우연히 구두장이 할아버지를 보았어요. 할아버지는 일할 때 늘 같은 복장을 했어요. 얼굴에는 동그란 안경을 쓰고, 몸에는 가죽으로 된 앞치마를 하고 있었어요. 매일 사용하는 도구인 가위, 바늘, 망치를 정리하고 있었어요.

- 복장
  - 안경 — 모양: 동그랗다
  - 앞치마 재료: 가죽
- 도구
  - 가위, 바늘, ☐☐

손님이 구둣방에 찾아왔어요. 구두장이 할아버지는 "어떤 신발을 찾으세요?"라고 물었어요. 손님은 구두 다섯 켤레를 만들어 달라고 말했어요. 그러자 할아버지는 "세상에 하나밖에 없는 멋진 구두를 만들어 드릴게요."라고 말하고 구두를 만들기 시작했어요.

- 어디에서: 구둣방
- 언제: 구두를 만들 때, 고칠 때
- 누구를 위해: 손님

그날 밤, 요정은 할아버지가 밤늦게까지 구두를 만들 때 옆에서 조용히 지켜보았어요. 할아버지가 가위로 가죽을 자르고, 망치로 탕탕 두드리자 멋진 구두가 완성됐어요. 요정은 구두장이 할아버지가 열심히 구두를 만드는 것이 훌륭해 보였어요.

- 언제: 구두를 만들 때
- 소리: 탕탕 두드리는 소리
- 훌륭한 점: 열심히 만드는 것

요정이 되어 구두장이를 소개하는 글을 쓰고, 소리 내어 읽으세요.

→ **문장**

(구두장이)를 소개합니다.

복장	은	안경	모양은	동⬜⬜	다.
		앞치마	재료는	⬜⬜	이다.

도구는 ⬜⬜ , ⬜⬜ , ⬜⬜ 를 사용한다.

(어디에서) ⬜⬜⬜ 에서 볼 수 있다.

(언제) 구두를 만들 거나 고칠 때 일한다.

(누구를 위해) ⬜⬜ 을 위해 일한다.

(언제) ⬜⬜⬜⬜⬜⬜ 때 보았다.

(소리) ⬜⬜ 두드리는 소리를 들었다.

(훌륭한 점) 열심히 구두를 ⬜⬜⬜⬜ 것이 훌륭하다고 생각한다.

 **소개하는 글을 쓰는 1~4단계를 적용해요**

축구 선수의 특징을 찾아 알맞은 단어를 쓰거나 골라 연결하고, 문장을 완성하세요

❶ **인물**을 떠올려요   +   ❷ **특징**을 찾아요
                    ❸ **연결**해요

축구 선수

복장
- 운동복 색깔 : 빨간 색
- 양말 길이 : 길다

도구 : 축구공

어디에서 : 경기장

언제 : 축구 경기를 할 때

누구를 위해 : 관중

언제 : 올림픽 경기 때

소리 : (공 차는 소리, 싸우는 소리)

훌륭한 점 : 지치지 않는 것

문장을 완성한 후 소리 내어 읽어 보세요.

❹ 문장으로 써요

(축구 선수)를 소개합니다.

___복장___ 은 ___빨간___ 색 ___운동복___ 을 입는다.

___긴___ ___양말___ 을 신는다.

___도구___ 는 _____ 을 사용한다.

_____ 에서 볼 수 있다.

_____ 때 일한다.

_____ 을 위해 일한다.

_____ 때 보았다.

_____ 소리를 들었다.

_____ 이 훌륭하다고 생각한다.

87

1~4단계에 따라 소개하는 글을 써요

만나 보거나 되고 싶은 직업 관련 인물을 떠올려 ❶~❹단계에 따라 문장을 완성하세요.

> ❶ **인물**을 떠올려요   +   ❷ **특징**을 찾아요
>
> ❸ **연결**해요

💡 운동선수, 가수, 의사, 경찰관, 과학자, 마술사, 유튜브 크리에이터 등

복장
[모자 모양] :

[   ] :

도구

어디에서
💡 집, 학교, 운동장, 동물원 등

언제

누구를 위해

언제

소리

훌륭한 점

88

* 회색 글자는 따라 쓰거나 바꾸어 쓸 수 있어요. 빈칸을 모두 채우지 않아도 되어요.

❹ **문장**으로 써요

（　　　　）을/를 소개합니다.

복장 은 　　　　　　모양 모자 을/를 쓴다/신는다.

　　　　　　　　　　　을/를 한다/입는다.

　　　　　　　　　　　등을 사용한다.

───────────────────────────────

　　　　　　　　　　　에서 볼 수 있다.

　　　　　　　　　　　때 일한다.

　　　　　　　　　　　을/를 위해 일한다.

───────────────────────────────

　　　　　　　　　　　때 보았다.

　　　　　　　　　　　소리를 들었다.

　　　　　　　　　것 이 훌륭하다고 생각한다.

정리하기 — 인물을 소개하는 글 쓰기

1. 좋아하는 인물을 소개하는 글을 쓰는 단계를 정리하고 알맞은 단어를 써요.

❶ 좋아하는 인물을 떠올려요.

가족 이나 친척, 친구 를 떠올려요.

❷ 특징을 찾아요.

첫째, 얼굴 과 몸 의 겉모습을 찾아요.

둘째, 성격, 좋아하는 것 등 내가 찾은 특징을 찾아요.

❸ 좋아하는 인물과 특징을 연결해요.

동생 +
- 얼굴 — 눈 모양: 가늘다
- 몸 — 다리 길이: 나보다 한 뼘만큼 짧다
- 성격 — 활발하다
- 좋아하는 것 — 노래 부르기

❹ 좋아하는 인물과 특징을 문장으로 써요.

동생 이름은 김하늘이고, 나이는 일곱 살이다.
얼굴은 눈 모양은 가늘다.
몸은 다리 길이는 나보다 한 뼘만큼 짧다.
성격은 활발하다.
좋아하는 것은 노래 부르기이다.

2. 직업 관련 인물을 소개하는 글을 쓰는 단계를 정리하고 알맞은 단어를 써요.

① 직업 관련 인물 을 떠올려요.

만나 보거나 되고 싶은 직업 관련 인물 을 떠올려요.

② 특징 을 찾아요.

첫째, 복장 과 도구 의 겉모습을 찾아요.

둘째, 어디에서 , 누구를 위해 등 하는 일을 찾아요.

셋째, 언제 , 소리 , 훌륭한 점 등 경험을 찾아요.

③ 직업 관련 인물과 특징을 연결 해요.

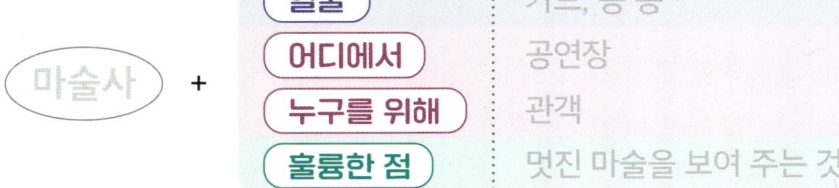

④ 직업 관련 인물과 특징을 문장 으로 써요.

마술사는 도구는 카드, 공 등을 사용한다.
공연장에서 볼 수 있다.
관객을 위해 일한다.
멋진 마술을 보여 주는 것이 훌륭하다고 생각한다.

설명하는 글 쓰기

관심 있는 직업을 떠올려 특징을 쓰고, 다섯 고개로 설명하는 글을 써요.

관심 있는 직업 관련 인물을 떠올려 ⬭에 쓰세요. 그리고 직업 관련 인물의 특징을 찾아 ▭에 쓰세요.

직업 관련 인물: ⬭

특징				
겉모습	복장	[　　]:	[　　]:	
	도구			
하는 일	어디에서			
	언제			
	누구를 위해			
경험	언제			
	소리			
	훌륭한 점			

* 특징은 모두 채우지 않아도 되어요.

💡 소개할 직업 관련 인물이 생각나지 않으면 그림을 보고 떠올려요.

다양한 형식으로 글 쓰기

2. 직업 관련 특징 중에서 다섯 가지를 골라 설명하는 글을 쓰세요.

> 특징을 골라 글로 쓸 때는 일반적인 특징부터 구체적인 특징 순으로 적어요.
> 예) 첫째, 경험 - 훌륭한 점 … 다섯째, 하는 일 - 어디에서

이 일을 하는 사람은 누구일까요?

첫째,   은/는

                                              이다.

둘째,

셋째,

넷째,

다섯째,

이 직업은   이다.

4부
방법을 소개하는 글을 써요

① 일하는 방법을 소개하는 글을 써요
② 만드는 방법을 소개하는 글을 써요

다양한 형식으로 글 쓰기
- 편지 쓰기

1 일하는 방법을 소개하는 글을 써요

1단계 하는 일을 떠올려요

자주 하거나 재미있게 하는 일을 떠올려 쓰세요.

강아지와 산책하기

줄넘기

2단계 특징을 찾아요

위에서 떠올린 일 중에서 강아지와 산책하기의 특징을 살펴보고, 알맞은 단어를 쓰거나 고르세요.

어떤 일인가요? 강아지와

준비할 때
- 장소는 어디인가요? [백화점, 공원, 음식점]
- 준비물은 무엇인가요? 목줄, 간식, 배변 봉투

일할 때
- 처음에 무엇을 하나요? 목줄 매기, 변 치우기
- 끝에 무엇을 하나요? [발, 입, 귀] 닦아 주기

경험
- 재미있는 점은 무엇인가요? [겅중겅중 뛰는 것, 오줌 누는 것]
- 좋은 점은 무엇인가요? 같이 운동 할 수 있는 것
- 주의할 점은 무엇인가요? 목줄 꼭 잡기

공부한 날짜: 월   일

자주 하거나 재미있게 하는 일을 떠올리면 무엇을 소개할지 정할 수 있어요.

✏️ 자주 하거나 재미있게 하는 일을 떠올려 빈칸에 쓰세요.

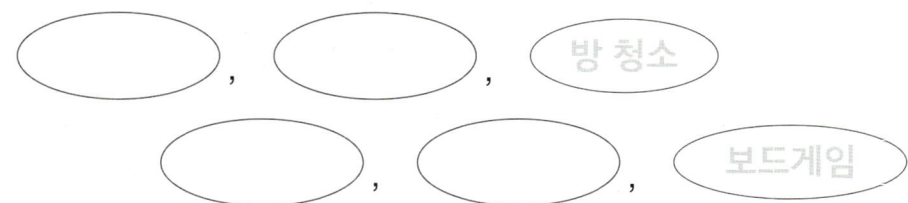

( ), ( ), 방 청소

( ), ( ), 보드게임

> 🦉 일하는 방법을 소개할 때 '일'은 일상에서 자주 하거나 재미있게 하는 일을 말해요. **자주 하는 일**(빨래 개기, 목욕하기), **재미있게 하는 일**(공놀이, 공기놀이)을 떠올릴 수 있어요.

준비할 때(장소, 준비물), **일할 때**(처음, 끝), **경험**(재미있는 점, 좋은 점, 주의할 점)을 찾아요.

✏️ 위에서 떠올린 일 중에서 하나를 골라 특징을 살펴보고, 빈칸에 알맞은 단어를 쓰세요.

내가 하는 일	( )	
준비할 때	장소는 어디인가요?	🔑 거실, 욕실, 놀이터, 운동장 등
	준비물은 무엇인가요?	
일할 때	처음에 무엇을 하나요?	
	끝에 무엇을 하나요?	
경험	재미있는 점은 무엇인가요?	🔑 신기한 것, 우스운 점 등
	좋은 점은 무엇인가요?	🔑 뿌듯한 것, 도움이 되는 점 등
	주의할 점은 무엇인가요?	🔑 조심해야 하는 것, 어려운 점 등

3단계 하는 일과 특징을 연결해요

자주 하거나 재미있게 하는 일과 특징(준비할 때, 일할 때, 경험)을 연결해요.

도서관에서 책 빌리는 일의 준비할 때, 일할 때, 경험을 찾아 알맞은 단어를 쓰거나 골라서 연결하세요.

하는 일 + **특징**

도서관에서 책 빌리기

| 장소 | 학교 도서관 |
| 준비물 | [도장, 사진, 도서 대출증] |

| 처음 | [책꽂이, 반납함]에서 읽을 책을 찾기 |
| 끝 | 대출증을 드리기 |

재미있는 점	친구와 함께 책을 고르는 것
좋은 점	집에 가져가서 볼 수 있는 것
주의할 점	[책 표지, 반납일]을/를 기억하는 것

🦉 '도서관 책 빌리기', '영화관 내 자리 찾기'와 같이 일할 **장소**가 포함된 일은 **준비할 때** 어느 도서관에서 빌릴 것인지, 어느 영화관에서 자리를 찾는 방법을 소개할 것인지 구체적으로 떠올려요.

 **하는 일**과 **특징**을 문장으로 써요

자주 하거나 재미있게 하는 **일**과 **특징**(준비할 때, 일할 때, 경험)을 문장으로 써요.

도서관에서 책 빌리는 일의 준비할 때, 일할 때, 경험을 연결하여 문장으로 쓰세요.

→ **문장**

도서관에서 책 빌리는 방법을 소개합니다.

장소는 학교 ☐☐ 이다.

준비물 은 ☐ 이다.

처음에 ☐ 에서 읽을 책을 찾는다.

끝 에 ☐☐☐ 을 드린다.

재미있는 점은 ☐ 와 함께 책을 고르는 것이다.

좋은 점은 ☐ 에 가져가서 볼 수 있는 것이다

주 은 ☐ 을/를 꼭 기억하는 것이다.

🦉 쓴 내용을 연결하여 "**도서관에서 책 빌리는** 방법을 소개합니다. **장소**는 학교 도서관이다."라고 읽어요.

이야기로 3단계와 4단계를 연습해요

『심청전』이야기를 읽고 빨래하는 일의 준비할 때, 일할 때, 경험을 찾아 알맞은 단어를 쓰고 연결하세요.

하는 일 + **특징**

빨래하기

어느 마을에 효녀 심청과 앞을 못 보는 아버지가 살았어요. 청이는 아침 일찍 빨래를 하러 가곤 했어요. 빨래할 장소는 냇가에 있는 빨래터였고, 준비할 것은 방망이였어요.

장소	빨래터
	방망이

빨래를 할 때는 처음에 넓적한 돌 위에 빨래를 놓고 문지른 후, 방망이로 퍽퍽 두드려요. 끝에 빨래를 물에 넣고 흔들어서 여러 번 헹군 다음, 물기를 꼭 짜요.

처음	문지르고, 두드리기
끝	헹구고, 짜기

재미있는 점은 빨래를 방망이로 두드릴 때 물방울이 여기저기 튀는 거예요. 좋은 점은 더러운 빨래가 깨끗해지는 것이지요. 주의할 점은 빨래에 구멍이 날 수도 있으니 방망이로 너무 세게 두드리면 안 된다는 것이에요.

	물방울이 튀는 것
좋은 점	빨래가 깨끗해지는 것
주의할 점	방망이로 너무 세게 두드리지 않기

심청이 되어 빨래하는 방법을 소개하는 글을 쓰고, 소리 내어 읽으세요.

문장

빨래하는 방법을 소개합니다.

장소는 : 냇가에 있는 ☐☐☐ 이다.

준비물은 : ☐☐☐ 이다.

처음에 : 빨래를 문지르고, 방망이로 ☐☐☐ 다.

끝에 : 여러 번 ☐☐☐ 고, 물기를 꼭 짠다.

재미있는 점은 : 빨래를 두드릴 때 ☐☐☐ 이 튀는 것이다.

좋은 점은 : ☐☐☐ 가 ☐☐☐ 해지는 것이다.

주의할 점은 : ☐☐☐ 로 너무 ☐☐☐ 두드리면 안 된다는 것이다.

101

1~4단계 적용 소개하는 글을 쓰는 1~4단계를 적용해요

봉숭아 물들이는 일의 특징을 찾아 알맞은 단어를 쓰거나 골라서 연결하고, 문장을 완성하세요.

> ❶ **하는 일**을 떠올려요   +   ❷ **특징**을 찾아요
>
> ❸ **연결**해요

봉숭아 물들이기

	(마당, 공부방)
준비물	봉숭아 꽃 , 잎 , 비닐, 실

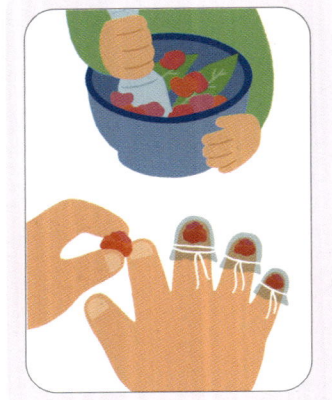

처음	꽃 과 잎 을 찧기 (손바닥, 손톱)에 올리기
끝	손톱을 비닐 과 실 로 묶고, 기다리기

재미있는 점	찧으면 풀 냄새 가 나는 것
좋은 점	손톱이 물들면 (예쁨, 이상함)
주의할 점	물들 때까지 오래 기다리기

문장을 완성한 후 소리 내어 읽어 보세요.

④ 문장으로 써요

봉숭아 물들이는 방법을 소개합니다.

_____과 같은 장소 에서 한다.

 봉숭아 꽃, 잎, _____, ____을 준비한다.

 처음 에 ____과 잎 을 찧는다.

찧은 것을 _____에 꼼꼼히 올린다 .

끝에 손톱을 _____과 ____로 _____, _____다.

찧으면 _____가 나는 것이 재미있다 .

_____이 물들면 예뻐서 좋다.

물들 때까지 오래 기다려야 하는 점에 주의한다.

🦉 소개하는 문장은 다른 형태로 표현할 수 있어요. "**장소**는 마당이다."를 "**마당과 같은 장소에서 한다.**"라고 표현할 수 있어요.

1~4단계에 따라 소개하는 글을 써요

자주 하거나 재미있게 하는 일을 떠올려 ❶~❹단계에 따라 문장을 완성하세요.

❶ 하는 일을 떠올려요   +   ❷ 특징을 찾아요
❸ 연결해요

고양이와 놀기, 카드놀이 하기, 연날리기, 자전거 타기, 여럿이 줄넘기하기, 씨앗 심기

장소

준비물

처음

끝

재미있는 점

좋은 점

주의할 점

* 회색 글자는 따라 쓰거나 바꾸어 쓸 수 있어요. 빈칸을 모두 채우지 않아도 되어요.

❹ 문장으로 써요

(　　　　　) 방법을 소개합니다.

.... 와/과 같은 장소에서 한다.

.... 을/를 준비한다.

처음에 ....

....

끝에 ....

....

.... 것이 재미있다.

.... 서/해서 좋다.

.... 는 점에 주의한다.

쉬어 가기

그림을 보고 두 동물 가운데 하나를 선택하여 ○ 표시를 하고, 그 동물이 달리기 경주 하는 방법에 대한 이야기를 완성하세요.

가벼운 샌들을 신고, 무거운 물통은 두고 가야겠다!

오래 달리기 편하게 운동화를 신고, 물통도 가져가야지!

덥고 목말라. 발도 아프고. 잠깐 누웠다가 가도 충분히 이길 거야!

물을 가져오길 잘했어. 결승선까지 쉬지 말고 가자!

내가 달리기 경주에서 지다니.

끝까지 열심히 뛰었더니 토끼를 이겼어. 내가 자랑스러워.

[🐰 , 🌵]의 달리기 경주 하는 방법을 소개합니다.

장소는　깊은 숲 뾰족산입니다.

준비물은

처음에

끝에

[좋은, 주의할] 점은

2 만드는 방법을 소개하는 글을 써요

1단계 만드는 일을 떠올려요

잘 만들거나 즐겁게 만드는 일을 떠올려 쓰세요.

종이접기

떡볶이 만들기

2단계 특징을 찾아요

위에서 떠올린 일 중에서 종이접기의 특징을 살펴보고, 알맞은 단어를 쓰거나 고르세요.

어떤 일인가요? — 종이

| 준비할 때 | 장소는 어디인가요? | 종이를 접기에 좋은 (책상 위, 소파 위) |
| | 준비물은 무엇인가요? | 색종이, 가위, 풀 |

만들 때	처음에 무엇을 하나요?	색종이 (모양, 색깔)을 고르기
	중간에 무엇을 하나요?	순서 에 따라 접기
	끝에 무엇을 하나요?	색종이를 오려 붙이기

| 경험 | 재미있는 점은 무엇인가요? | 이상한 색깔의 아이스크림 |
| | 주의할 점은 무엇인가요? | (가위, 풀)을/를 사용할 때 조심하기 |

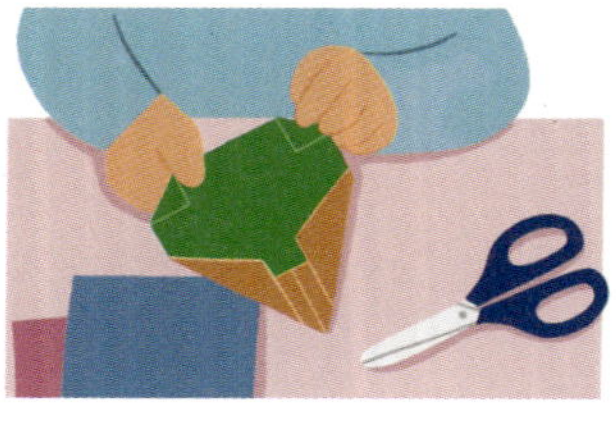

애벌레 아이스크림 같아.

공부한 날짜: 월   일

잘 만들거나 즐겁게 만드는 일을 떠올리면 무엇을 소개할지 정할 수 있어요.

✏️ 잘 만들거나 즐겁게 만드는 일을 떠올려 빈칸에 쓰세요.

( ), ( ), 눈사람 만들기

( ), ( ), 김밥 말기

🦉 **잘 만드는 일**(종이비행기 접기, 상자로 장난감 만들기), **즐겁게 만드는 일**(찰흙으로 그릇 빚기, 나만의 라면 끓이기)을 떠올릴 수 있어요.

준비할 때(장소, 준비물), **만들 때**(처음, 중간, 끝), **경험**(재미있는 점, 좋은 점, 주의할 점)을 찾아요.

✏️ 위에서 떠올린 일 중에서 하나를 골라 특징을 살펴보고, 빈칸에 알맞은 단어를 쓰세요.

내가 만드는 일	( )	
준비할 때	장소는 어디인가요?	💡 부엌, 식탁, 방, 책상 등
	준비물은 무엇인가요?	
만들 때	처음에 무엇을 하나요?	
	중간에 무엇을 하나요?	
	끝에 무엇을 하나요?	
경험	재미있는 점은 무엇인가요?	💡 웃긴 것, 감동적인 점 등
	주의할 점은 무엇인가요?	💡 힘든 것, 위험한 점 등

3단계 만드는 일과 특징을 연결해요

잘 만들거나 즐겁게 만드는 일과 특징(준비할 때, 만들 때, 경험)을 연결해요.

피자빵 만드는 일의 준비할 때, 만들 때, 경험을 찾아 알맞은 단어를 쓰거나 골라 연결하세요.

| 만드는 일 | + | 특징 |

피자빵 만들기

| 장소 | [부엌, 거실, 마당] |
| 준비물 | 식빵, 소시지, 치즈, 칼 |

처음	재료를 [숟가락, 칼]로/으로 자르기
중간	식빵에 재료를 올리기
끝	오븐에 넣고 굽기

재미있는 점	모양 만들기
좋은 점	만들기 간편한 것
주의할 점	[뜨거운 것, 차가운 것]

🦉 **장소**는 **준비물**을 사용하기 좋은 곳, 만들 때 편리한 곳 등을 떠올리면 쉽게 찾을 수 있어요. 음식을 만들 때는 재료와 조리 도구가 모여 있는 부엌, 블록으로 성을 만들 때는 블록을 세우기에 편리한 거실을 떠올릴 수 있어요.

4단계 만드는 일과 특징을 문장으로 써요
잘 만들거나 즐겁게 만드는 일과 특징(준비할 때, 만들 때, 경험)을 문장으로 써요.

피자빵 만드는 일의 준비할 때, 만들 때, 경험을 연결하여 문장으로 쓰세요.

┄┄→ **문장**

(피자빵 만드는) 방법을 소개합니다.

| 장소 는 | ☐ 이다. |
| 준비물은 | 식빵, ☐☐, ☐, 칼이다. |

처음에 : 재료를 ☐ 로/으로 자른다.

중간에 : ☐☐ 에 재료를 ☐☐다.

끝에 : ☐☐ 에 넣고 굽는다.

재미있는 점은 : ☐을 만드는 것이다.

☐은 : 만들기가 ☐☐ 하다는 것이다.

주의할 점은 : 뜨거워서 조심해야 하는 것이다.

🦉 쓴 내용을 연결하여 "**피자빵 만드는 방법**을 소개합니다. **장소**는 부엌이다."라고 읽어요.

이야기로 3단계와 4단계를 연습해요

『피노키오』 이야기를 읽고 피노키오 만드는 일의 준비할 때, 만들 때, 경험을 찾아 알맞은 단어를 쓰고 연결하세요.

만드는 일 + 특징

피노키오 만들기

외로운 제페토 할아버지는 인형 피노키오를 만들기로 했어요. 할아버지는 넓은 작업실로 갔어요. 준비한 것은 튼튼한 나무, 나무 깎는 칼, 물감이었어요.

□ 넓은 작업실
준비물 나무, 칼, 물감

할아버지는 처음에 굵은 통나무를 조심스럽게 깎아서 머리와 몸, 팔과 다리를 만들었어요. 중간에 못으로 머리와 팔, 다리를 몸에 어울리게 연결했어요. 끝에 물감으로 얼굴과 옷을 예쁘게 그렸어요.

□ 통나무를 깎아서 머리, 몸, 팔, 다리 만들기
중간 몸에 어울리게 연결하기
끝 얼굴과 □을 그리기

좋은 점은 푸른 요정의 도움으로 피노키오가 말도 하고 걸어 다니게 되었다는 것이에요. 주의할 점은 칼로 나무를 깎을 때 다치지 않게 조심해야 한다는 것이지요.

좋은 점 □도 하고 걸어 다니는 것
주의할 점 칼로 깎을 때 조심하는 것

제페토 할아버지가 되어 피노키오 만드는 방법을 소개하는 글을 쓰고, 소리 내어 읽으세요.

문장

(피노키오 만드는) 방법을 소개합니다.

장소는 넓은 작업실 이다.

☐ **은** ☐☐ , 나무 깎는 ☐ , 물감이다.

처음에 통나무 를 깎아서 머☐, ☐, ☐, 다 를 만든다.

중간에 몸 에 어울리게 ☐☐ 한다 .

끝 **에** ☐ 과 옷 을 예쁘게 그린다 .

좋은 점은 ☐ 도 하고 ☐ 다니는 것이다.

☐ **은** ☐ 로 깎을 때 ☐ 해야 하는 것이다.

1~4단계 적용 │ 소개하는 글을 쓰는 1~4단계를 적용해요

색점토로 얼굴 만드는 일의 특징을 찾아 알맞은 단어를 쓰거나 골라 연결하고, 문장을 완성하세요.

❶ 만드는 일을 떠올려요 + ❷ 특징을 찾아요
❸ 연결해요

색점토로 얼굴 만들기

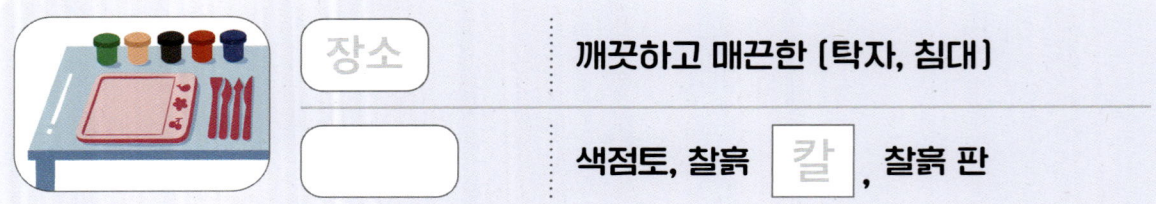

| 장소 | 깨끗하고 매끈한 (탁자, 침대) |
| | 색점토, 찰흙, 칼, 찰흙 판 |

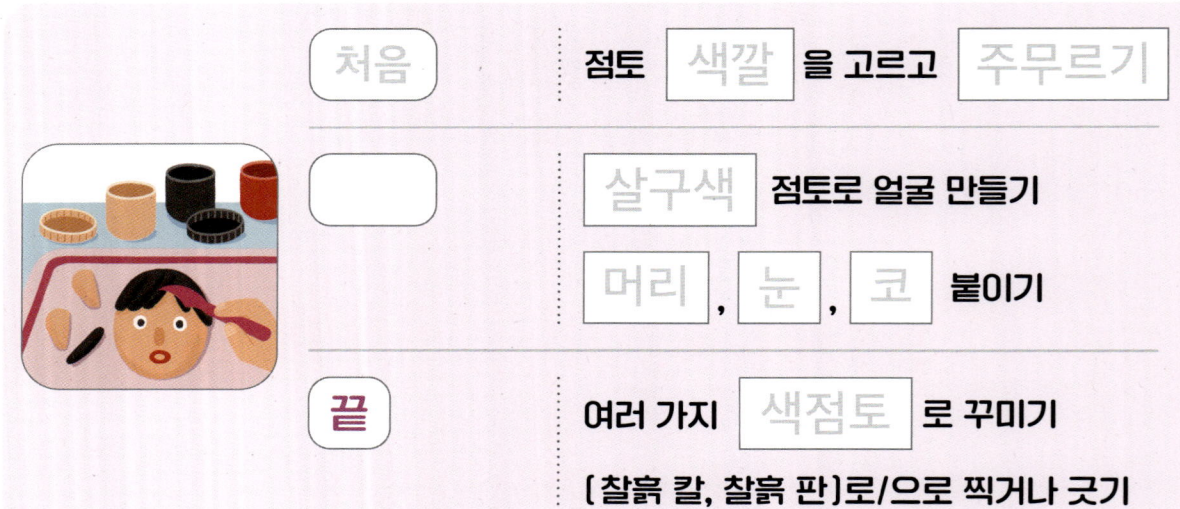

처음	점토 색깔 을 고르고 주무르기
	살구색 점토로 얼굴 만들기
	머리, 눈, 코 붙이기
끝	여러 가지 색점토 로 꾸미기
	(찰흙 칼, 찰흙 판)로/으로 찍거나 긋기

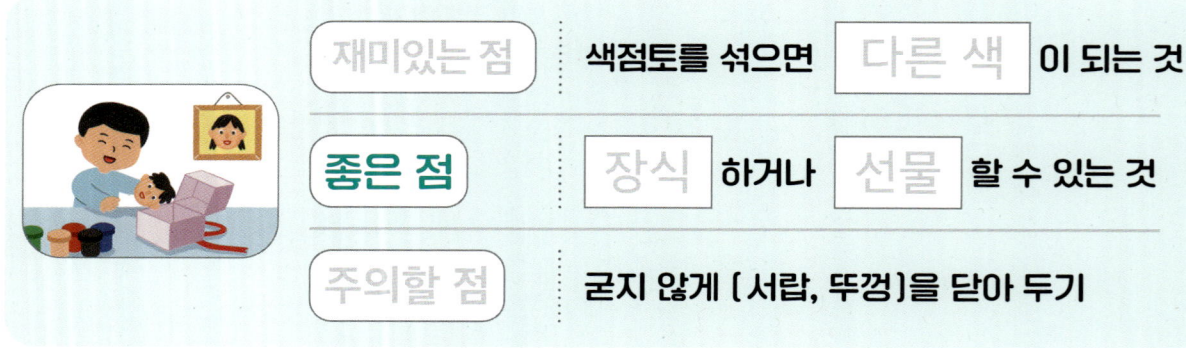

재미있는 점	색점토를 섞으면 다른 색 이 되는 것
좋은 점	장식 하거나 선물 할 수 있는 것
주의할 점	굳지 않게 (서랍, 뚜껑)을 닫아 두기

> 문장을 완성한 후 소리 내어 읽어 보세요.

❹ 문장으로 써요

<u>색점토로 얼굴 만드는</u> 방법을 소개합니다.

_____ <u>매끈</u> 한 _____ 와 같은 장소에서 만든다.

_____ , _____ , <u>찰흙판</u> 을 <u>준비</u> 한다.

처음에 점토 _____ 을 고르고 주무른다.

<u>중간</u> 에 _____ 점토로 둥근 _____ 을 만든다.

<u>머리</u> , ____ , ____ 를 붙인다.

끝에 여러 가지 _____ 로 꾸민다.

_____ 로/으로 찍거나 그어서 표현한다.

색점토를 섞으면 _____ 이 되는 것이 재미있다.

벽에 걸어 _____ 하거나 _____ 할 수 있어서 좋다.

굳지 않게 _____ 을 닫아 두어야 하는 점에 <u>주의한다</u> .

1~4단계에 따라 소개하는 글을 써요

잘 만들거나 즐겁게 만드는 일을 떠올려 ❶~❹단계에 따라 문장을 완성하세요.

> ❶ **만드는 일**을 떠올려요   +   ❷ **특징**을 찾아요
>
> ❸ **연결**해요

🔑 샌드위치, 볶음밥, 만두, 블록 로봇, 종이 딱지, 털실 인형, 생일 초대 카드, 크리스마스트리

| 장소 | |
| 준비물 | |

처음	
중간	
끝	

재미있는 점	
좋은 점	
주의할 점	

* 회색 글자는 따라 쓰거나 바꾸어 쓸 수 있어요. 빈칸을 모두 채우지 않아도 되어요.

❹ 문장으로 써요

◯◯◯◯◯ 방법을 소개합니다.

.... 와/과 같은 장소에서 한다.

.... 을/를 준비한다.

처음에 ....

....

중간에 ....

....

끝에 ....

....

.... 것이 재미있다.

.... 서/해서 좋다.

.... 는 점에 주의한다.

117

> **정리하기** 방법을 소개하는 글 쓰기

1. 일하는 방법을 소개하는 글을 쓰는 단계를 정리하고 알맞은 단어를 써요.

❶ ⬭하는 일⬬ 을 떠올려요.

자주 하거나 재미있게 ⬭하는 일⬬ 을 떠올려요.

❷ ▢특징▢ 을 찾아요.

첫째, 일할 ▢장소▢, 필요한 ▢준비물▢ 을 찾아요.

둘째, 일할 때 ▢처음▢, ▢끝▢ 에 하는 일을 찾아요.

셋째, ▢좋은 점▢, ▢주의할 점▢ 등 경험을 찾아요.

❸ 하는 일과 특징을 ▢연결▢ 해요.

⬭줄넘기⬬ +
- 장소 : 운동장, 마당
- 처음 : 줄을 잡고 줄 앞에 서기
- 끝 : 줄을 앞으로 돌리고 뛰어넘기
- 좋은 점 : 몸이 건강해지는 것

❹ 하는 일과 특징을 ▢문장▢ 으로 써요.

줄넘기하는 방법은
장소는 운동장이나 마당이다.
처음에 줄을 잡고 줄 앞에 선다.
끝에 줄을 앞으로 돌리고 뛰어넘는다.
좋은 점은 몸이 건강해지는 것이다.

2. 만드는 방법을 소개하는 글을 쓰는 단계를 정리하고 알맞은 단어를 써요.

❶ 만드는 일 을 떠올려요.

잘 만들거나 즐겁게 만드는 일 을 떠올려요.

❷ 특징 을 찾아요.

첫째, 만들 장소 , 필요한 준비물 을 찾아요.

둘째, 만들 때 처음 , 중간 , 끝 에 하는 일을 찾아요.

셋째, 재미있는 점 , 주의할 점 등 경험을 찾아요.

❸ 만드는 일과 특징을 연결 해요.

+
준비물 : 식빵, 잼, 햄
처음 : 햄 자르기
중간 : 식빵에 잼을 바르고 햄 올리기
끝 : 식빵을 덮고 누른 후 자르기
주의할 점 : 잼을 적당히 바르기

❹ 만드는 일과 특징을 문장 으로 써요.

샌드위치 만드는 방법은
준비물은 식빵, 잼, 햄이다.
처음에 햄을 자른다.
중간에 식빵에 잼을 바르고 햄을 올린다.
끝에 식빵을 덮고 누른 후 자른다.
주의할 점은 잼을 적당히 바르는 것이다.

편지 쓰기

맛있게 만든 음식을 떠올려 특징을 쓰고, 친구에게 나만의 요리 방법을 소개하는 편지를 써요.

1. 내가 맛있게 만든 음식을 떠올려 ◯에 쓰세요. 그리고 음식 만드는 일의 특징(준비할 때, 만들 때, 경험)을 찾아 ☐에 쓰세요.

만드는 음식: ◯

특징		
준비할 때	장소	
	준비물	
만들 때	처음	
	중간	
	끝	
경험	재미있는 점	
	좋은 점	
	주의할 점	

* 특징은 모두 채우지 않아도 되어요.

💡 소개할 요리 방법이 생각나지 않으면 그림을 보고 떠올려요.

다양한 형식으로 글 쓰기

2. 음식 만드는 일의 특징 중에서 필요한 것을 골라 편지를 쓰세요.

　　　　　　　　　에게

안녕, 나는 (　　　　　　)야.

(　　　　　　) 방법을 소개하려고 편지를 써.

장소는

준비물은

처음에

중간에

끝에

재미있는 점은

좋은 점은

주의할 점은

　　　　　　　　　　　월　　일　　　가

자유 글쓰기 1

1. 음식이나 동물 중에 소개하고 싶은 것을 골라 자유롭게 글로 써요.

좋아하는 음식

- 겉과 속 모습(모양, 색깔, 크기)
- 경험(맛, 먹는 방법, 좋아하는 이유)

자연 속 동물

- 겉모습(얼굴과 몸의 모양, 색깔, 크기)
- 사는 모습(먹이, 사는 곳, 움직임)

(　　　　　) 을/를 소개합니다.

겉모습은

2. 인물이나 방법 중에 소개하고 싶은 것을 골라 자유롭게 글로 써요.

좋아하는 인물

일하는 방법

- 겉모습(얼굴과 몸의 모양, 색깔, 크기)
- 내가 찾은 특징(성격, 좋아하는 것, 잘하는 것)

- 준비할 때(장소, 준비물)
- 일할 때(처음, 끝)
- 경험(재미있는 점, 좋은 점, 주의할 점)

 을/를 소개합니다.

모양이다 / 장소에서 한다.

크기이다 / 준비한다.

자유 글쓰기 2

1. 물건이나 동물 중에 소개하고 싶은 것을 골라 자유롭게 글로 써요.

좋아하는 물건

생활 속 동물

- 겉과 속 모습(모양, 색깔, 크기, 재료)
- 경험(누구에게서, 언제, 어디에서, 어떻게, 왜)

- 겉모습(얼굴과 몸의 모양, 색깔, 크기)
- 사는 모습(소리, 먹이, 움직임)
- 경험(언제, 어디에서, 무엇을, 왜)

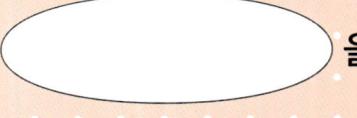 을/를 소개합니다.

때

에서

때문에

2. 인물이나 방법 중에 소개하고 싶은 것을 골라 자유롭게 글로 써요.

직업 관련 인물

만드는 방법

- 겉모습(복장, 도구)
- 하는 일(어디에서, 언제, 누구를 위해)
- 경험(언제, 소리, 훌륭한 점)

- 준비할 때(장소, 준비물)
- 만들 때(처음, 중간, 끝)
- 경험(재미있는 점, 좋은 점, 주의할 점)

(　　　　　　　　) 을/를 소개합니다.

보았다 / 재미있다.

소리를 낸다 / 좋다.

훌륭하다 / 주의한다.

1부. 사물을 소개하는 글을 써요
정답 및 예시 답

12~13쪽

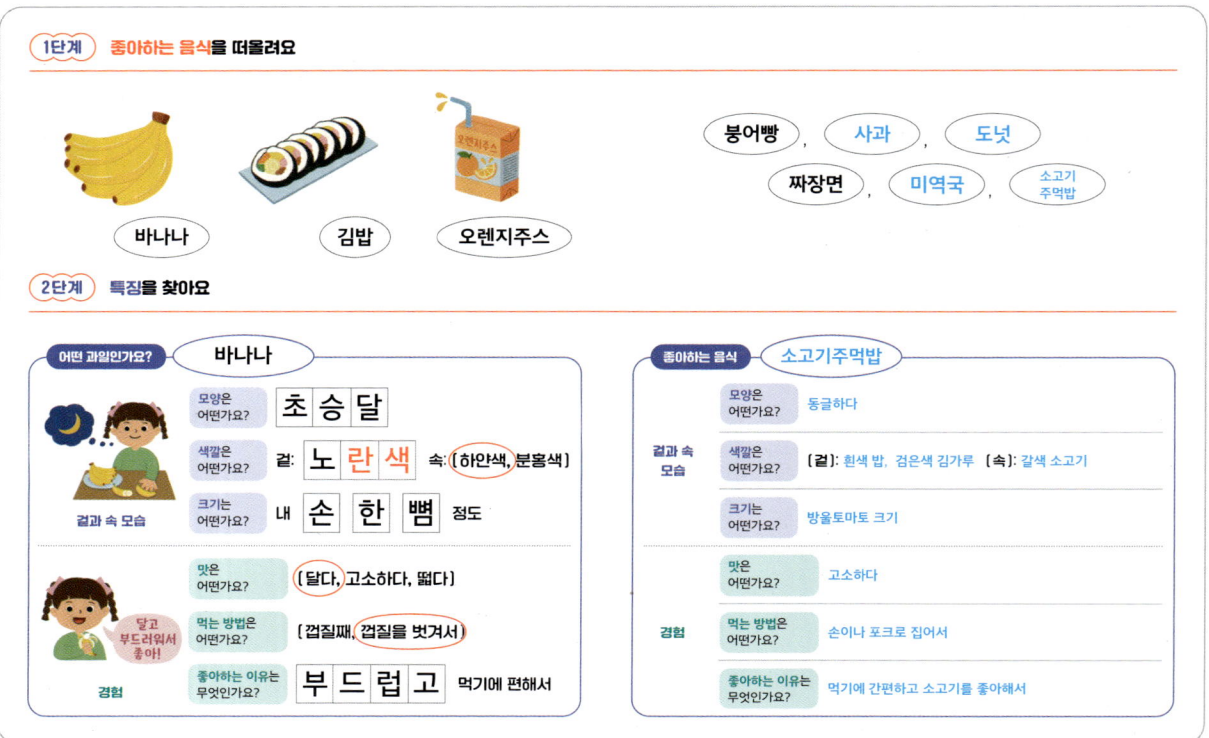

14~15쪽

16~17쪽

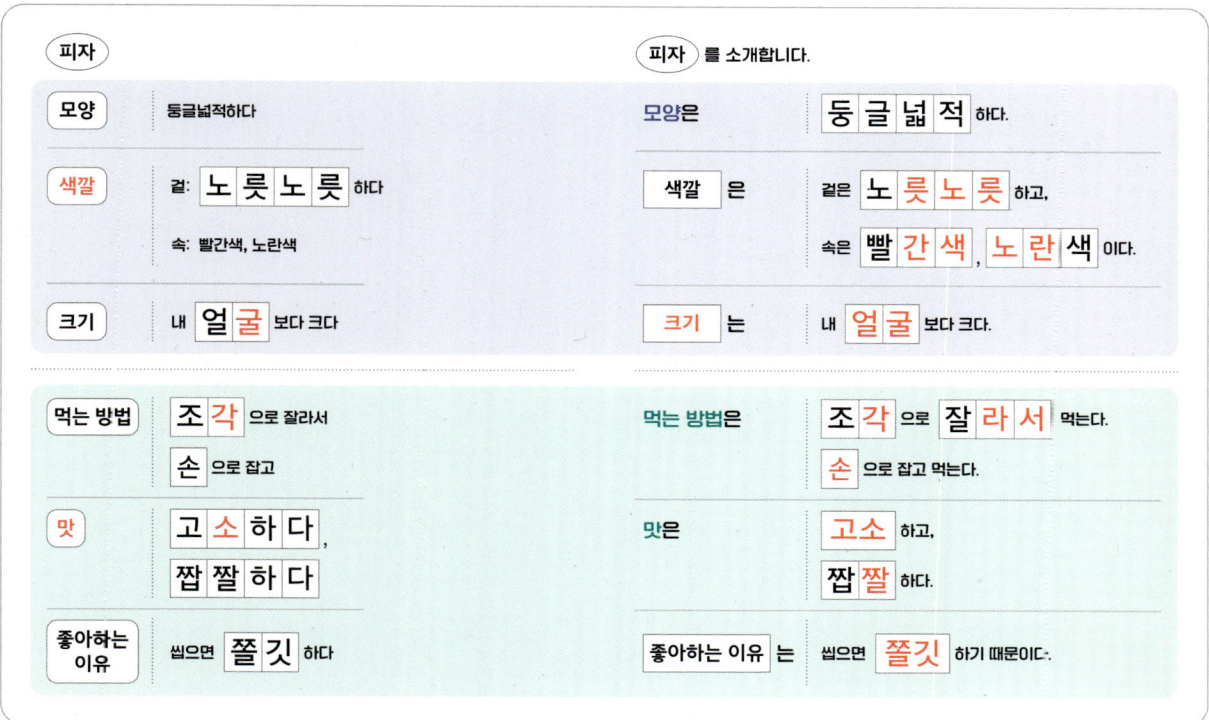

18~19쪽

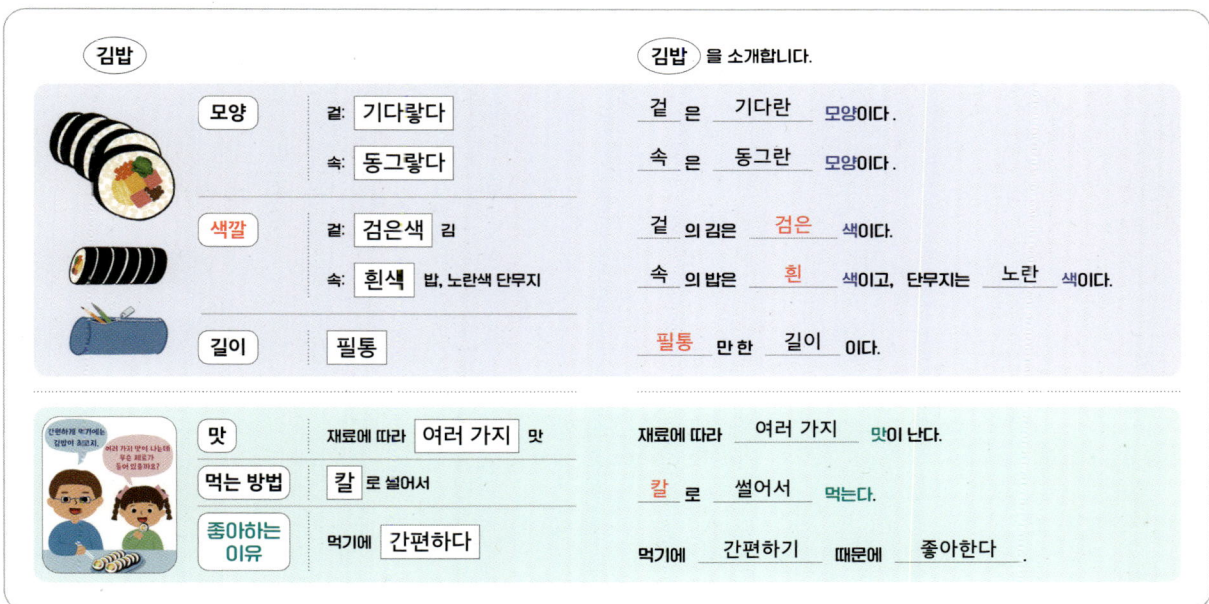

24~25쪽

26~27쪽

28~29쪽

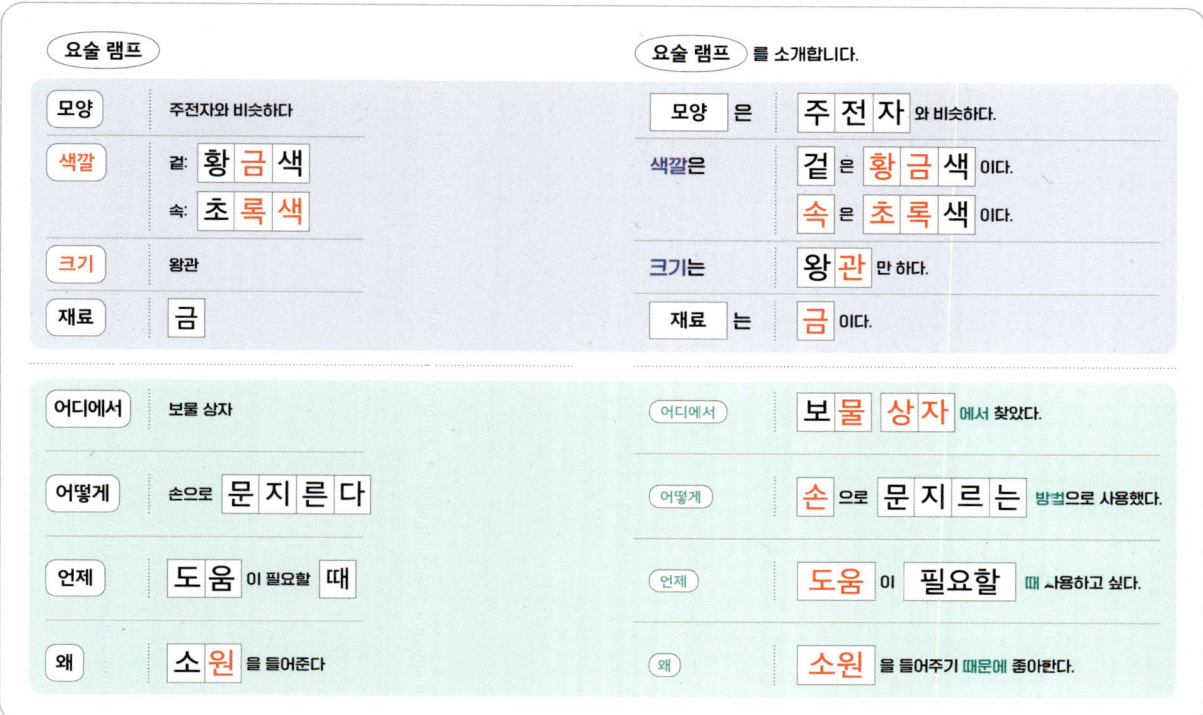

30~31쪽

2부. 동물을 소개하는 글을 써요
정답 및 예시 답

40~41쪽

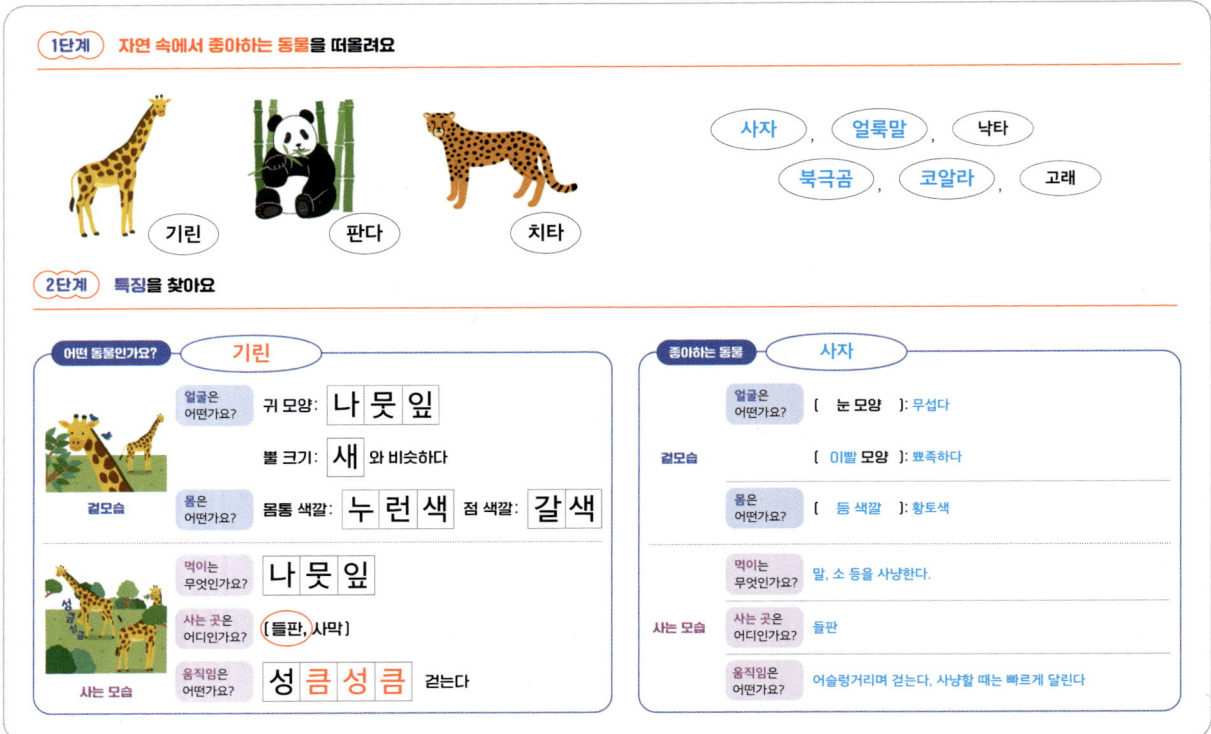

42~43쪽

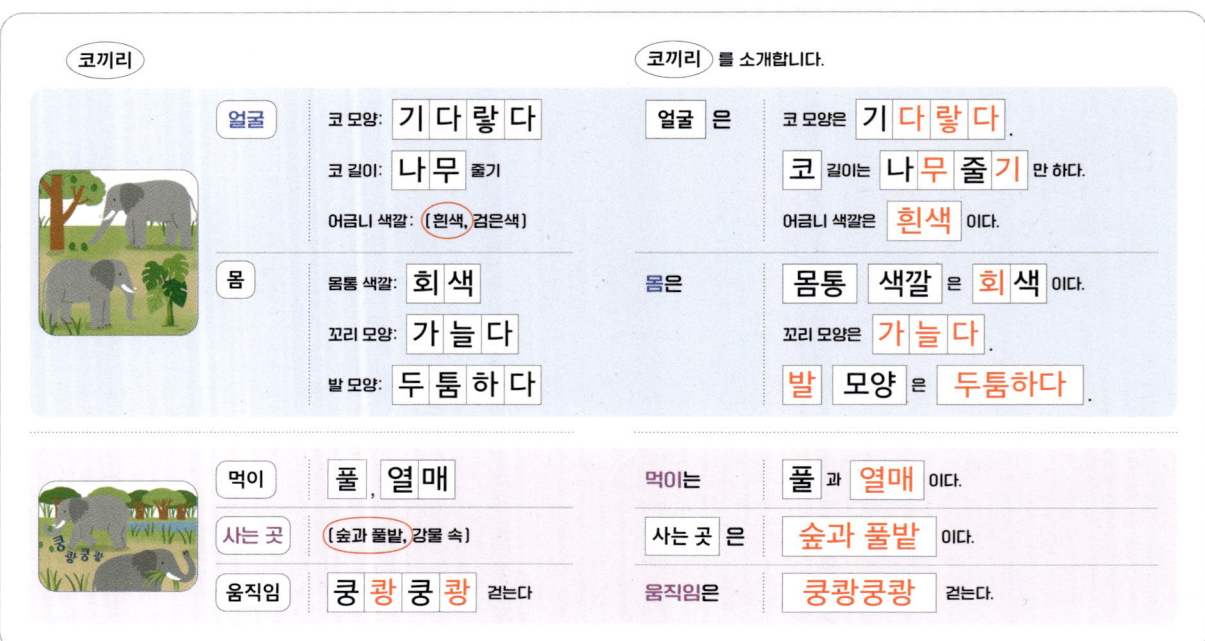

44~45쪽

46~47쪽

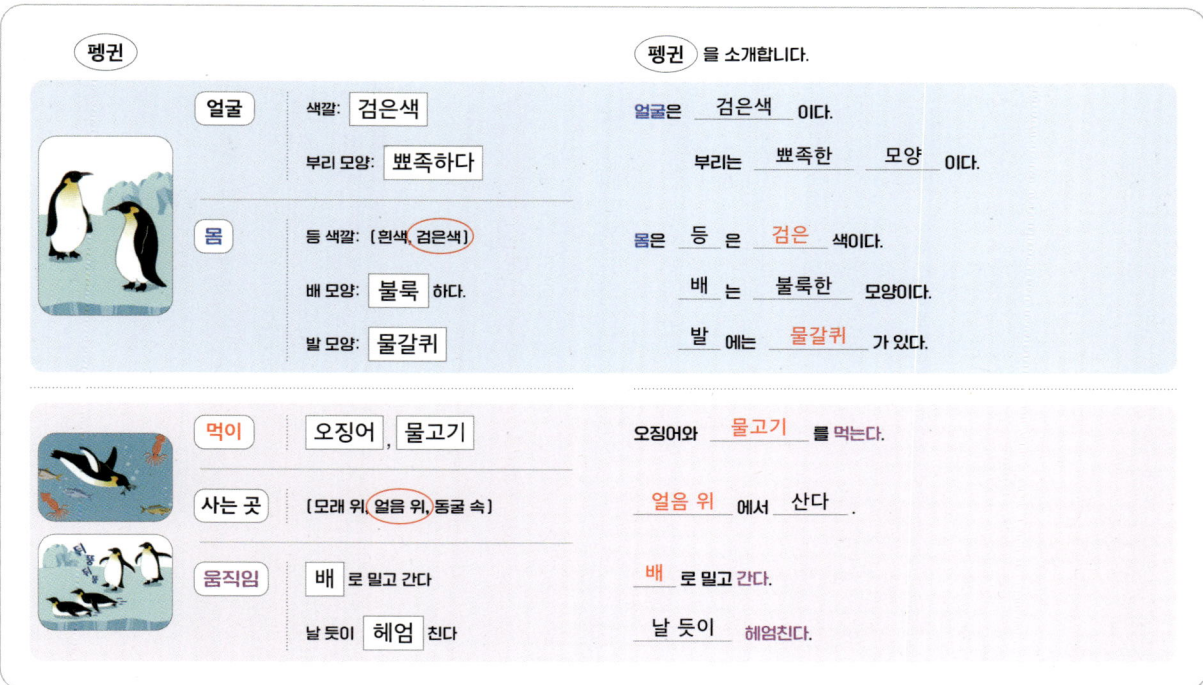

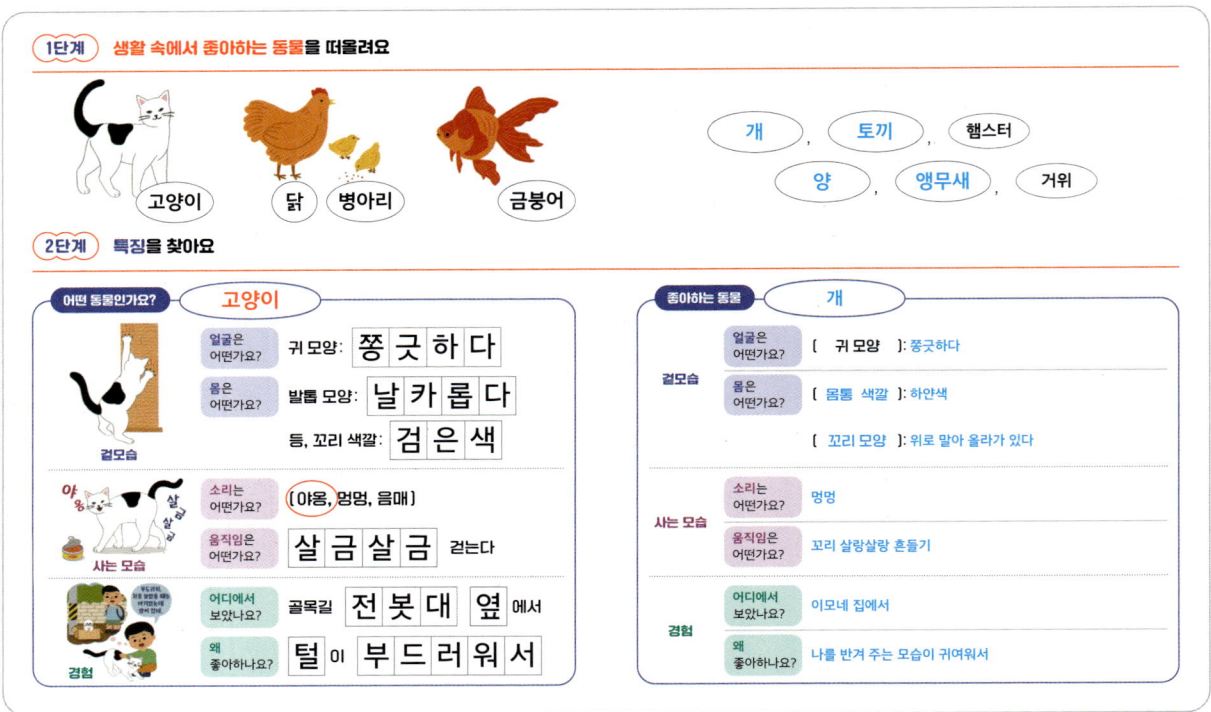

56~57쪽

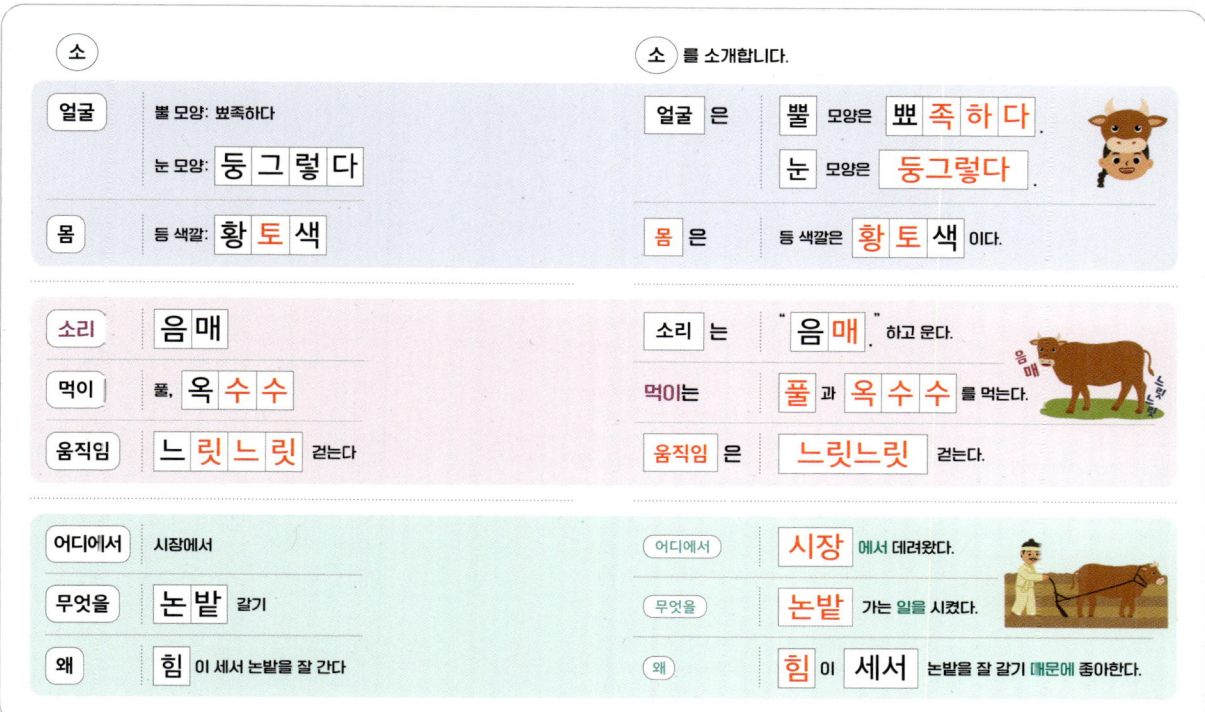

58~59쪽

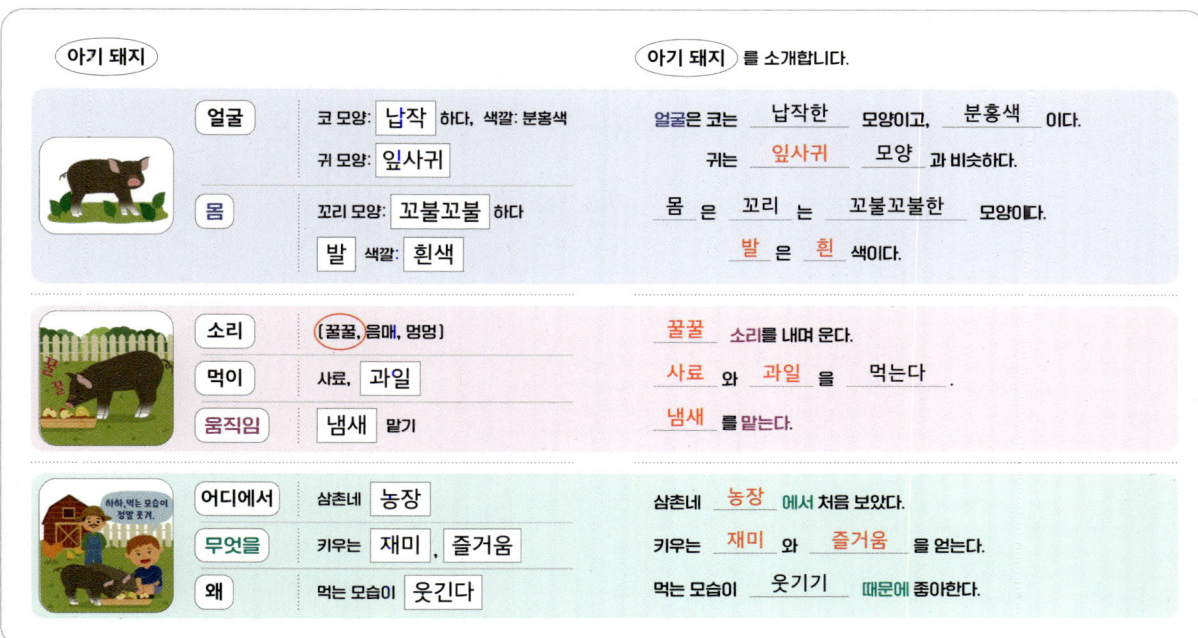

3부. 인물을 소개하는 글을 써요
정답 및 예시 답

68~69쪽

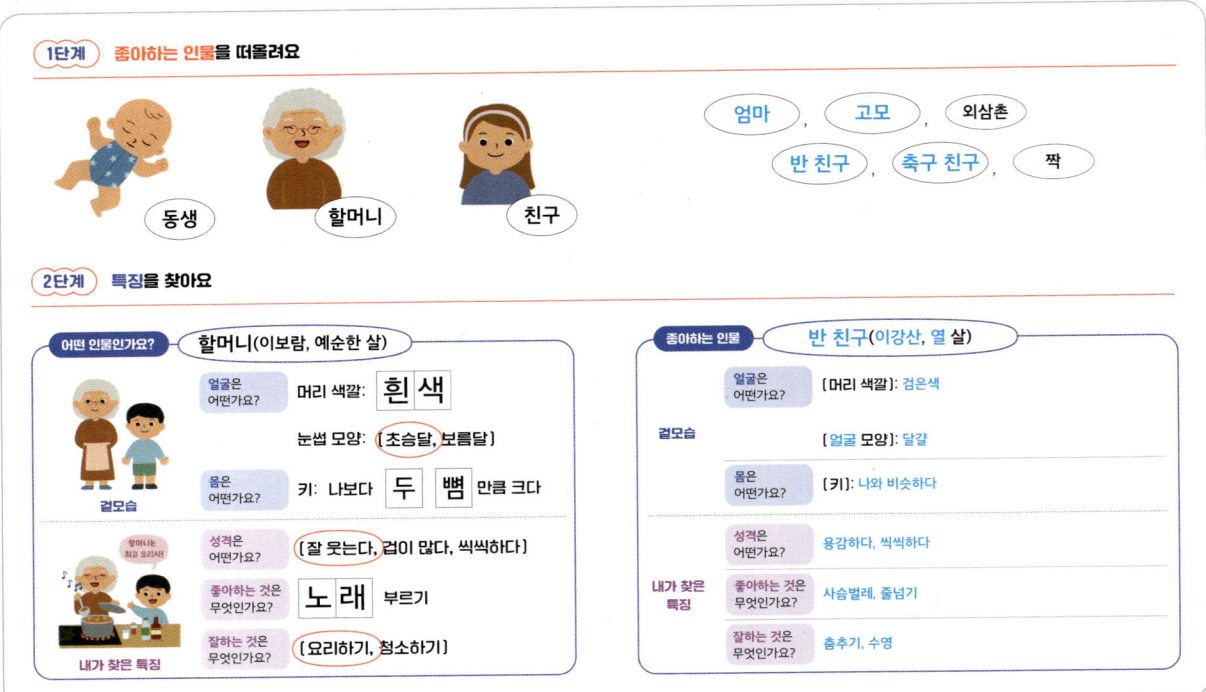

70~71쪽

72~73쪽

74~75쪽

135

80~81쪽

82~83쪽

84~85쪽

86~87쪽

4부. 방법을 소개하는 글을 써요
정답 및 예시 답

96~97쪽

98~99쪽

100~101쪽

102~103쪽

108~109쪽

110~111쪽

112~113쪽

114~115쪽

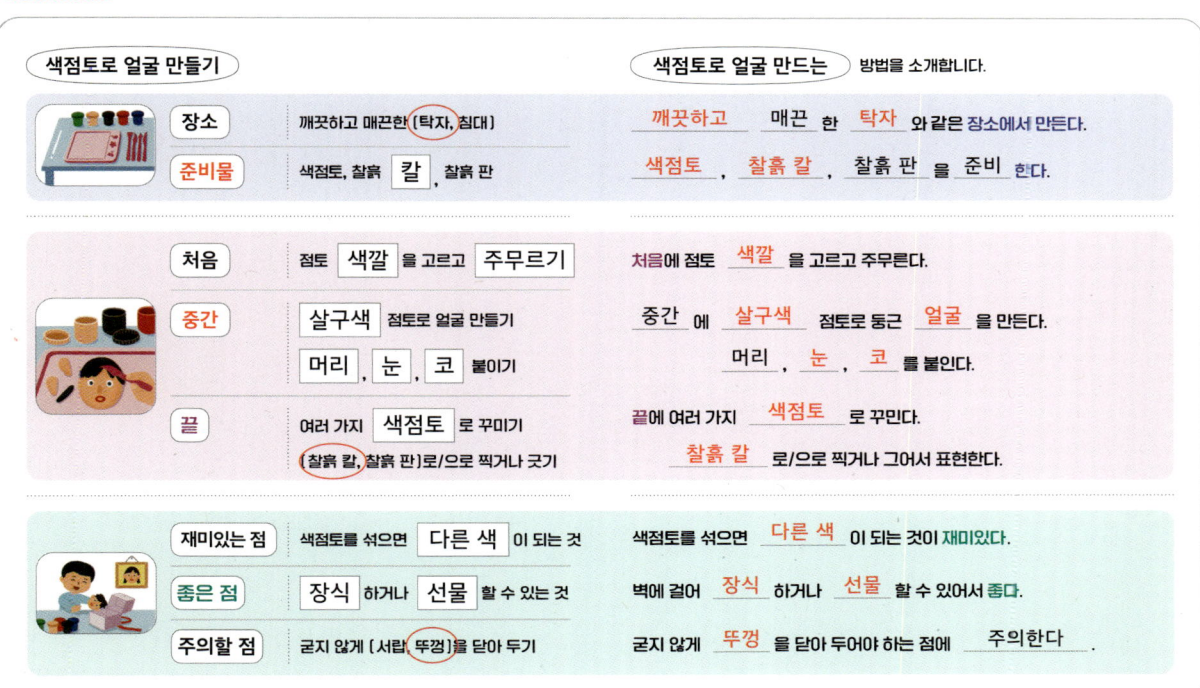

아하 초등학교 글쓰기
2~3학년 ❷
소개하는 글 쓰기

초판 1쇄 발행 2024년 8월 15일		주소	04004 서울특별시 마포구 월드컵로12길 7	• 이 책 내용의 일부 또는 전부를 재사용하려면 반드시 저작권자와 ㈜창비교육 양측의 동의를 받아야 합니다.
지은이	최영환 이수희 이선숙 문경은	전화	1833-7247	• 책값은 뒤표지에 표시되어 있습니다.
펴낸이	김종곤	팩스	**영업** 070-4838-4938	• KC마크는 이 제품이 공통안전기준에 적합하였음을 의미합니다.
편집	서영희 김진영 박민정		**편집** 02-6949-0953	
디자인	말리북	홈페이지	www.changbiedu.com	• 사용 연령: 6세 이상
펴낸곳	㈜창비교육	전자우편	contents@changbi.com	• 종이에 베이거나 긁히지 않도록 주의하세요.
등록	2014년 6월 20일 제2014-000183호		ⓒ 최영환 이수희 이선숙 문경은 2024 ISBN 979-11-6570-265-6 74700	
제조국	대한민국